写作创富

文金刀　编著

民主与建设出版社

·北京·

图书在版编目（CIP）数据

写作创富 / 文金刀编著. -- 北京：民主与建设出
版社，2025. 6. -- ISBN 978-7-5139-4999-6

Ⅰ. H05-49

中国国家版本馆 CIP 数据核字第 2025T1F348 号

写作创富
XIEZUO CHUANGFU

编　　著	文金刀
责任编辑	廖晓莹
封面设计	尧丽设计
出版发行	民主与建设出版社有限责任公司
电　　话	（010）59417749　59419778
社　　址	北京市朝阳区宏泰东街远洋万和南区伍号公馆 4 层
邮　　编	100102
印　　刷	水印书香（唐山）印刷有限公司
版　　次	2025 年 6 月第 1 版
印　　次	2025 年 8 月第 1 次印刷
开　　本	670 毫米 ×950 毫米　1/16
印　　张	12
字　　数	130 千字
书　　号	ISBN 978-7-5139-4999-6
定　　价	49.80 元

注：如有印、装质量问题，请与出版社联系。

我们为什么要写作

写作不是作家的专项技能，而是现代社会每一个人都应该具备的能力。

很多人存在一个认知误区——只把写文章、写书、创作小说当成写作。实际上，广义的写作涵盖面很广，工作总结、工作汇报、会议纪要、简历、招聘广告、销售文案、创业策划书、项目计划、读书笔记、日记、随笔、留言、评论等，都属于写作范围。

这样看来，人们的工作、学习、生活中处处都涉及写作。如果你能坚持写作，就能获得以下好处。

一是写作可以完善知识体系。

学习是一个输入知识的过程，写作是一个输出知识的过程。假如你肚里没货，头脑空空，就可能一句话都写不出来。当你尝试把学到的知识以写作的方式表达出来，你就会发现很多原本以为弄懂的地方其实还没有完全懂。等你查漏补缺之后，就能习得比之前更准确、更全面的认识。

用写作促进学习，知识才记得更牢。久而久之，你就能向其他人轻松输出各种知识。

二是写作可以促进个人成长。

写日记可以说是门槛最低的写作形式之一。可是，有的人每天能记录一大堆内容，而有的人总是为不知道写什么发愁。这说明前者天天都在接收新信息，并进行了思考，从而有所长进。而后者在一天中没有对生活进行细致观察，没有什么感受和思考，也就没有成长。

无论是写日记还是写其他的内容，都会充分激活你的思维，促使你调动大脑中的信息、知识去完成自己的目标。人的能力、格局、修养，会在这个过程中得到有效提升。

如今，写作变现的门槛越来越低，方式越来越多样化。无论你处于哪个行业，都能通过写作来开辟副业，增加收入，或者通过写作来提升本职工作的价值。

无论从哪个角度看，写作都大有好处。所以，从今天起，让我们一起掌握更多的写作技能，加入全民写作的浪潮中，实现写作创富。

第 1 章

做好写作
准备

写作的本质：展示你的心智

尽管写作有一定的技巧要求，但其本质与说话是相通的。说话是用语音表达自己，而写作则是用文字表达自己。只不过，人们的说话水平有高有低，写作能力也存在强弱之分。

一个人的写作水平，虽然受其性别、年龄、学历、职业、经历等因素影响，但这些都不是决定性因素。

在新媒体时代，写作的门槛空前降低，许多人都抓住了时代的风口，成为风格鲜明的原创内容创作者，享受着时代发展带来的红利。

这是因为写作的本质是展示一个人的心智。说得再通俗一点儿，写作表达的是你的思想感情和对人、对事、对物的看法。每个人都有自己的思想感情和对人、对事、对物的看法。没有人比你更懂你，也没有人能代替你表达你独有的生活感受。你手中其实不缺少可以输出的内容，只是这些创作的原料没有得到充分开发，无法转化为受人欢迎的文字作品。

因此，我们有必要打破个人心智上的枷锁，勇敢地踏上写作创富之路。

1 什么时候开始写作都不晚

写作是门槛低、限制条件少的应用技能之一，无论什么时候开始都不晚。

假如你是学生，平常就喜欢写些"豆腐块"，很好，请坚持写下去；假如你是职场人士，在拼搏事业的间隙想写下自己的感悟和经验教训，很好，请坚持写下去；假如你是主业收入较低的人，想通过写作开辟新的收入来源，很好，请坚持写下去；假如你是白发苍苍的老者，回顾往昔岁月，有千言万语想写下来告诉身边的人，很好，请坚持写下去……

写作需要经过刻苦的训练，却不受年龄制约。只要脑子还清醒，手指头还能动弹，你就可以开启自己的写作生涯，在这个世界上留下独属于你的文字。

可惜，现实生活中无数人心里有写作的梦想，却迟迟没有迈出第一步。他们为此还找了五花八门的借口。

有人说，我工作太累，回到家里只想休息，不想动笔，等不累的时候再开始写；有人说，我要带孩子，等孩子上大学了再开始写；有人说，我忙着赚钱，等退休之后有时间了再开始……

说这些话的人实际上永远都"没有时间"，永远不会真正开始。那些真正想要写作，并为此努力的人，会把找借口的时间用来找方法。

工作太忙，没有整块时间，就利用碎片时间来写作；杂事缠身，难以全神贯注，就用最简单的方式记录生活；顾虑太多，不知从何入手，就先从相对容易的内容入手……

如果你不只是嘴上说说，现在就可以拿起笔或者打开电脑、手机，用心地记录你想到的一切内容。这其实是世界上无数写作者此时此刻正在做的事。你只要马上动手，就能成为亿万写作大军中的一员。

2 我敢写，我想写，我配写

听到世界上有亿万写作大军，有些人瞬间就丧失了信心。然而，人类对各类文化产品的需求远比你想象得更加旺盛。而且这种消费需求是多样化的、不断增长的。纵然某些领域的需求饱和，也还有大量新兴领域有待开发。市场的发展足够容纳，也需要吸纳更多形形色色的写作者，其中就包括你我他。

如果你还是缺乏信心，就请默念这九个字：我敢写，我想写，我配写。

我敢写——不怕参与竞争，不因别人比你优秀而止步。

我想写——大胆写自己真心想表达的内容。热爱是最好的老师，能让你持之以恒地成长。

我配写——正确认识自己的长处与不足，不卑不亢，不因质疑、挖苦和嘲笑而动摇初心。

也许别人的文笔比你出色，别人的口碑比你好，别人的成就让你望尘莫及，但只要你能找准定位，苦练技能，扬长避短，做出特色，也能在市场中立足。

3　写作不怕起点低

在写作这条路上，只有少数人有很高的写作天赋，一点就通，很快就能从"小白"变为"大神"。大多数人的天赋还没达到这种程度，必须循序渐进地练习，脚踏实地地进步。就算你的起点低，只要你锲而不舍，日积月累，终可成大器。

写作的本质是展示你的心智。如果你实在不知道该写什么，总觉得无话可说，那很可能是因为你缺少思考与感悟。写作技巧好比是武功招式，思想感情才是内功心法。当你厘清自己的思想感情时，就会产生一种呼之欲出、不吐不快的创作冲动，自然就会下笔如有神。

如果你一开始不懂得怎么写成熟的文章，可以先尝试着把心中所想写成一句话、一段话。只要坚持动笔，反复琢磨，就能熟能生巧，实现从量变到质变的突破，写出更长、更完整、更生动的文章。

写出好文章的四个步骤

只要你掌握了所有写作都要遵循的四个基本步骤，就可以写出任何类型的文章。这四个步骤是明确选题、设计大纲、搜集素材、整理成文。接下来，我们逐一讲解每个步骤的要点。

1 明确选题

选题就是你打算写的文章题材。只有明确了选题方向，你才知道自己要写什么东西，才能跟出版机构、网络平台、社交媒体平台开展内容合作。

考试的命题作文，或者上级交代需要写的工作材料之类的文章，已经明确了选题，你可以直接进入下一步。但在大多数场景下，写作者不是在被动执行一个既定的选题任务，而是需要自己去确定文章的题材。

选题策划能力在很大程度上决定了写作变现的价值。一个好的选题，更容易赢得广大读者的青睐，获得良好的市场反馈，而这又能让你的写作形成一个良性循环。反之，如果你不去了解读者，不去调研市场，全凭自己的感觉写，那么，文章的品质和阅读量极有可能让人不敢恭维。

无论你是跟出版机构合作，还是在网络平台发表文章，都要经过编辑审稿环节。编辑每天都要审阅大量稿件，从中挑出有看点、有价值的选题，如果你写的选题毫无亮点，让人提不起兴趣，就会被拒稿。就算平台用 AI 审稿，能让你上传的文章顺利发布出去，也得不到平台的推荐，读者也不会愿意阅读。

关于选题策划的方法，我们将在后续章节详细讲解。

2 设计大纲

写文章想要少做，甚至不做无用功，最简单、最有效的办法就是在写文章前先列好大纲。大纲就是文章的框架。搭好了框架，文章的整体布局将更合理，不容易出现虎头蛇尾、偏离主题、前言不搭后语之类的问题。

设计文章的框架相当于盖楼房时先打地基、搭建脚手架，也有点儿像插画师画线稿。它能让每一部分文字都有章可循，让每一段文字都主题明确。这样写文章就不容易跑题或者整体布局失调。

当然，我们在实际写作的时候，不一定完全按照大纲来，边写边改是很正常的事。但是，有了大纲的提示，写作时就不会信马由缰，文章就不再像四处漫溢的洪水，而是一条顺着水道流淌的美丽小河。

你也许见识过某些作者不用打草稿就能一气呵成地写好一篇文章，很羡慕他们那种胸有成竹的自信、信手拈来的水平。其实，他们也只是熟能生巧罢了。只要你坚持练习构建框架，依照大纲写作，久而久之，你就会熟悉各类文章的基本结构，下笔前就能很快想到最合理的表达方式。到那时，你也能像他们一样不需要列大纲就可以写出好文章。

3 搜集素材

所谓素材，就是未经过整理加工的原始材料。它是写作者从生活中搜集而来的，通常是感性的，且较为零散。

它可以是你今天遇到的一件小事、听到的一则新闻、学到的一点儿知识或经验、看到的一个景象……但这些原始材料并不都适合写入文章。打个比方，你拿一堆食材做菜，总会舍弃不要的部分，挑出需要的部分，经过一系列烹调加工，最终才能成为一道可口的菜肴。素材也是如此。只有经过作者整理、提炼、加工和改造的素材，才能成为可用的素材，撑起你要写的文章。

如果说大纲相当于文章的筋骨，那么，素材就是文章的血肉。光有骨架而没有血肉，不能成为一个人；光有大纲而没有填充有用或有趣的素材，就不是一篇成型的文章。

写作新手在策划选题、设计大纲和展示文字技巧方面，虽然会存在一定的不足，但是完全可以通过搜集整理各类素材，来缩小自己与写作高手之间的差距。因为，写作高手不一定掌握了你积累的素材，也不一定会写你想到的东西。

假如你善于从生活中寻找和积累各种素材，找出那些写作高手忽略的东西，你的文章就会具备一定的新颖性，能产生差异化的竞争力。当然，等你成长为高手之后，依然可以凭借搜集素材的能力不断创新，让别人来追赶你的脚步。

4　整理成文

这是写文章的最后一个步骤，也是最能体现写作者功力高下的步骤。一篇优秀的成品文章的标准如下。

- 标题能瞬间吸引读者注意力。
- 主题明晰，观点鲜明。
- 逻辑合理，经得起质疑。
- 全文结构层次分明，各部分比例合理，过渡自然。
- 开头引人入胜，让人忍不住想往下读。
- 恰到好处地运用多种修辞手法。
- 描述准确，用词得当，不会产生歧义。
- 文笔出彩，语言生动有趣，可读性强。
- 结尾呼应主题，能引发读者的思考，令人回味无穷。

每当你写完一篇文章后，不妨按照这个标准检查一下自己的作品，看看哪些方面做到了、哪些方面存在不足。经过不断地总结，你的写作能力肯定能得到快速提升。

以上就是写好文章的四个基本步骤，是无数写作者的经验凝聚而成的实用智慧，后面的章节还会展开介绍。

 树立正确的创作观念

　　创作的过程并不总能灵光一现，文思泉涌，很多时候是枯燥乏味的。你会时不时感到孤独寂寞，恨不得逃离。若没有足够的觉悟，光靠一时的激情，是很难将写作这件事坚持下去的。只有树立正确的创作观念，你才能拥有坚持到底的力量和勇气。

　　从此刻开始，你需要树立以下几种创作观念，并将其化为信念。

1 不要走捷径

　　现代人的工作压力大，生活节奏快，每天都能从互联网上接触到海量的信息。这样的环境对写作有利也有弊。

　　有利的一面是，你可以轻轻松松地找到浩如烟海的素材、范文、写作指南。

　　不利的一面是，你的精力会被过量的信息分散，时间也会变得越来越碎片化，很难真正静下心来认真打磨自己的作品，甚至可能变得浮躁、功利、急于求成。

　　要想实现写作变现，光学几个花架子的写作技巧，不是长久之计。

说到底，市场永远欢迎真正的优质作品，粗制滥造的文章即使侥幸获得一定流量，也是可一而不可再的。走捷径的写作者只能用套路短暂获利，根本没有足够的实力去面对复杂多变的市场竞争。

每个人踏上写作之路的理由各不相同，但无论你是纯粹出于爱好而写作，还是把写作当成变现手段，都应该保持脚踏实地的写作心态，而不能老想着抄小道、走捷径。否则，你可能会加速走上岔路，一路狂奔到死胡同。

踏踏实实地提升写作能力，丰富自己的知识储备，沉淀自己的修养，坚持学习，日积月累，你才能拓宽眼界，打开格局，激活灵感，成长为写作高手，体验游刃有余的快乐。

2　保持苦中作乐的心态

阅读是快乐的，写作却是枯燥乏味的。消费产品的人直接享受快乐，制造产品的人则要承受辛苦。

写作不用承受风吹日晒雨淋，却要承受另一番辛苦。构思作品极其费脑，而把构想转化为成熟的作品还需要耗费大量体力。除此之外，眼干燥症、颈椎病、肩周炎、腰椎间盘突出等职业病，也可能会找上你。

写作需要专注，可生活中有许多琐事会让你分心。你会无数次体验思路被打断的烦躁，以及不便对身边的人发脾气的憋闷。一些写作者患有的拖延症，也与此有很大的关系。

吃不了这些苦的人，坚持不到作品完成的那一天，写作天分再高也会被损耗。

如果你真正热爱写作，就必须学会苦中作乐。光靠"用爱发电"，无异于自己给自己画饼。你可以试着把写作任务分解成多个阶段性的小目标，每完成一个小目标，就给自己一点儿实质性的奖励。

比如写了多少字就让自己痛痛快快地玩一场，完成多少个章节就买一些喜欢的东西犒劳自己。要是你觉得现在的写作环境太差，也可以带上笔记本电脑去别的地方，找一个最能让自己静心写作的新环境。如此一来，写作时就不会再觉得枯燥，而是充满了一个又一个小惊喜。

3 完成是完善的前提

半途而废的写作新手往往喜欢用完美主义做借口。只要不能做到完美，就堂而皇之地搁笔，拖到"能写好"为止，其结果注定是竹篮打水一场空。

好作品是改出来的。即使开局是一坨铁疙瘩，只要反复修改，也能成就百炼钢。唐代边塞诗人王昌龄有一句诗："黄沙百战穿金甲，不破楼兰终不还。"这句诗反映的是一种坚持到底的精神，写作者如具备这种精神，就能成长到连自己都无法想象的地步。

每当你尝到了写作之苦，想拖延，想放弃，想躺平时，再坚持一下，多写一段，多写一千字，多写一天，坚持写下去就好。无论如何，先将作品完成，再去完善它。持之以恒，"死磕"到底，不断完成新作品，你的水平和信心都会随之增长。

4　把写作变成你的日常习惯

从"想不出能写什么"到"能轻松写出自己想写的东西",中间只差一个坚持努力的习惯。

爱运动的人有坚持锻炼身体的习惯,热爱写作的人也要把写作变成日常生活的一部分。写作新手对于坚持写作的畏难情绪,跟长期不运动的人对坚持锻炼的畏惧没什么两样。尚未养成习惯的时候,你会觉得过程很痛苦,一旦习惯成自然,你会觉得一天不写就浑身不舒服。

为了养成这个好习惯,你可以每天给自己制定一个合理的目标。

比如每天写 500 字,甚至更多,想写什么就写什么,遇到什么事或有什么感想就随手记录一下。你可以写在日记本、Word 文档里,也可以记录在手机的备忘录或者微博、微信朋友圈等社交媒体上。

无论一天有多忙,你只要抽出一个专门的时间完成这个小目标,就能慢慢养成习惯。当水平提高后,你再制定更高的目标,获得更多的成就感。

 须警惕的创作误区与挑战

为了少走弯路，有些创作误区与挑战是每个写作者都应该警惕的，其中一些属于态度问题，还有一些属于技术问题。

1 抄袭

创作是一项脑力劳动，凝聚着写作者的心血。原创作品的含金量高，需要投入更多的精力才能完成。有些人想靠写作快速变现，但自身创作水平不高，因此就想靠抄袭来牟取不当利益。此举不仅损害了原作者的合法权益，也会引发市场上"劣币驱逐良币"的不良风气，让广大原创作者寒心。

如今，读者对抄袭行为的容忍度越来越低，抄袭不仅害人害己，且违法，乃创作之大忌。我们应该强化版权意识，不触碰抄袭底线，对他人作品的模仿和借鉴不应该超出法律法规允许的范围，树立"原创至上"的写作意识。

2 忽视市场，孤芳自赏

不少写作新手刚愎自用、盲目自信，认为自己的文字出类拔萃，无人能比。殊不知，其作品根本不符合市场需求，在读者眼中一文不值。偏偏他们喜欢孤芳自赏，老是觉得自己怀才不遇，"举世皆浊我独清"。这种不良心态，也是重要的创作误区。

在读者中具有良好口碑的写作者，不会只顾着表达自己的思想感情，还会沉下心去了解读者，研究市场。这当然不是说写作者只能一味地迎合读者，毫无自主意识。但优秀的作品必定是打动人心的、能让大众共情的。不去了解市场，弄清读者的精神需求，写出无病呻吟、不接地气的文章，怎么能打动人心呢?

3 炫耀文字技巧，内容空洞

写作新手有个常见的认知误区——把文字技巧当成了写作的全部。他们写文章时搞错了重点，把心思都用在了堆砌辞藻上，恨不得每句话都要引经据典，加入大量形容词，使用听起来文雅的生僻字词，让语句看起来很华丽。

这种追求表面功夫的创作观念，会让你走上歧路。语句晦涩难懂，内容空洞，会让读者产生不良的阅读体验，对作者的印象也大打折扣。

北齐文学家、教育家颜之推在《颜氏家训·勉学》中引了一个"博士买驴"的典故。这个典故说的是，有个博士买了一头驴子，契约写了满满三张纸，却不见一个"驴"字，卖家又好气又好笑。这里的"博士"虽然是古代的官名，但也只有饱学之士才有资格担任此职。后来人们用成语"博士买驴"来比喻写文章废话连篇，不得要领。

唐宋八大家中的大文豪韩愈、柳宗元很反感这种华而不实的文风，于是发起了古文运动以改革文风。他们呼吁"文以载道"，主张文章要言之有物。这也正是我们写文章时应该遵循的正道。

4 选错方向

有些写作新手不是没有才华，而是作品不符合投稿平台的收稿要求与审美偏好。这就需要不断地筛选和尝试，一方面要调整自己的文风，使之符合投稿平台的要求；另一方面要挑选跟自己更合拍的投稿平台。

比选对平台更重要的是选对选题。凡是符合市场需求且有鲜明特色的高质量原创作品，各大平台都会抢着要。想要写出这样的作品，在策划选题时要注意避开以下几个方向。

（1）过于小众的内容。太小众的内容无法让大多数人产生共鸣。借用互联网的说法就是，一味"圈地自萌"的作者很难"出圈"。你要有为读者服务的意识，要去了解大众在想什么、关心什么、需要什么。假设你是个食品供应商，你会研发一款符合3万人口味的小众食品，还是符合300万人需要的大众食品？创作也适用同样的道理。

（2）避开"正确的废话"。"正确的废话"是指一些没有具体操作方案的大道理。而读者想要的是能切实指导自己生活的各种指南和攻略，不是空洞的大道理。

因此，我们可以写一些超出常识但又在情理之中的新颖观点。这类内容对读者具有一定的吸引力。一般来说，受大众欢迎的文字，要么有用，要么有趣，最好是既有用又有趣。

（3）避开老生常谈。生活日新月异，读者也在不断进步。互联网嫌弃过时的"老梗"，读者也会嫌弃老生常谈。文学作品大体上可以归纳为若干个基本的永恒主题，但因为每个时代的人们身处的社会生活环境不同，同一个永恒主题在不同的时代背景下会焕发出不一样的光彩。这就要求写作者要学会守正创新，不断从新时代的生活中发掘新的素材，创作符合新需要、新潮流的新作品。如果是三个月前被写烂了的话题，就不要再拾人牙慧了。

5　观点偏激

犀利的观点是引发大众关注的一把利器，但这把利器是双刃的，若使用不当，很有可能伤着自己。尽管现代社会人们的思想意识呈现出多元化的特点，对不同的观点比较包容，但过于偏激的观点容易引发大众的不适感，让写作者遭到舆论的反噬。

比如，有很多意见领袖凭借偏激的观点出道，依赖不断挑动群体矛盾、煽动大众情绪来获取流量，结果一步踏错，翻车的翻车，塌房的塌房。写作新手应当顶住这种"吃流量饭"的诱惑。观点可以犀利，但不能挑战法律和道德的底线，在大是大非问题上不能含糊。若是一脚踏入了这个创作误区，必然会招致严重的反噬。

如何挤出更多写作时间

大文豪鲁迅先生说过："时间就像海绵里的水，只要愿挤，总还是有的。"该怎样从紧张的日常生活中挤出足够的写作时间呢？

我们首先要明确一点，写作时间不足可以分为写作时间绝对不足和写作时间相对不足两种情况。

写作时间绝对不足是指扣除吃喝拉撒睡、工作和家务等日常活动所需时间之外，一天 24 小时内确实抽不出时间写作。这种情况是客观的，想要坚持写作的话，只能换个不忙的工作或者减少做家务的时间，这样就能转为写作时间相对不足的状态。

写作时间相对不足是指在上述情形下，依然能挤出数小时的整块时间或者碎片时间进行写作。我们接下来介绍的方法，都是建立在"写作时间相对不足"的大前提之下的。

1 利用上班前的部分时间

上班前的时间指从起床到抵达上班地点这段时间。

假设你是 9 点上班，平时提前 10 分钟到达单位，洗漱、吃早餐一共耗费半个小时，上班路上要花 1 小时。你可以从 9 点开始倒推，8 点 50 分进单位，7 点 50 分出门，7 点 20 分开始洗漱、吃早饭，为了增加 1 小时的写作时间，就需要在 6 点 20 分起床。如果你在上班路上花费的时间更长或者更短，就要做相应的调整。

这个思路就是比平时早起 1 小时甚至更多，从而保障一个整块的写作时间。通过早起来增加写作时间，最难的是你有没有毅力坚持早起。只要克服了这点，就能通过早起 1 小时留出的时间完成很多内容写作。

2　利用下班后的部分时间

比起上班前那段时间的紧张匆忙，下班后的时间更加自由。

这段时间是绝大多数写作者的主要写作时间，只要不被琐事分心，就能充分利用起来。不过，在这段时间内写作要面临一个挑战——精力不足。因为你一天的能量很可能已经被本职工作耗光了，即使有时间，你也想休息放松，未必有心思进行枯燥的写作。

为了更好地利用这段时间，你需要做到以下几点。

（1）做好时间规划。你应当提前做好时间规划，把当天要做的各种事情都处理完，在晚上预留一段专注写作的时间。千万不要一边写作一边干别的事情。一心两用会大大降低写作效率和写作质量，让你什么都做不好，白白浪费时间。

（2）设定合理的写作小目标。最好是能按计划在固定时间完成规定字数。规定字数可以是几百字，也可以是 1000 字，甚至更多。精神好且杂事少的时候，你可以试着多写一点儿。反之，就少写一点儿。不要

太勉强自己，过于紧张焦虑也不利于写出好作品。

只要你每天坚持完成写作小目标，写作速度就会越来越快，写作思路也会越来越开阔，写作能力也会越来越强。

（3）重视精力管理。工作了一天后，难免身心俱疲，写作又是非常耗费心力的事情。你可以在写作之前做一些简单的运动，调整精神状态，如打坐冥想一段时间，让自己浮躁的心静下来再动笔。

需要强调的是，最好不要养成熬夜写作的习惯。夜深人静的时候，确实最容易激发写作灵感。哪怕是全职写作者也难以抵挡这种诱惑，从而养成昼夜颠倒的不良作息。但你千万不要因为兼职写作而长期熬夜。这样会损害你的身体，影响你第二天的本职工作，并陷入恶性循环。

3 如何利用碎片化时间

碎片化时间不利于长时间专注于创作，但也并非毫无用处。你可以把搜集素材、构思主题、设计大纲等准备工作放在碎片化时间去做，比如上下班途中、工作闲暇，这些零零碎碎的时间都可以用来做一点儿写作准备工作。

第 2 章

策划具有
传播价值的
爆款选题

如何判断一个选题的好坏

方向不对，努力白费。如果你一开始写的就不是一个有传播潜力和变现价值的选题，无论你多么努力，文笔多么出色，最终也只会是白费力气。在动笔之前，你应该搞清楚什么样的选题才是值得操作的好选题。根据无数写作者的实践经验，一个好选题通常具备以下几个特征。

1 能为读者提供情绪价值，引发广泛共鸣

情绪价值是人们的刚性需求，写作正是人们抒发情感、创造情绪价值最主要、最有力的手段。

无论是什么题材，好选题都应该能给读者提供充分的情绪价值，即好选题能反映人们的普遍心理，能说出人们难以精准表达却又一点就通的心里话。按照互联网上的说法就是，优秀的写作者要当好读者的"嘴替"。

人们在生活中经常会遇到一些烦恼，因此积累了一些需要排解的负面情绪。有些写作者能体察这些情绪，写下抚慰人心的文字，帮读者调节情绪，以便更好地面对生活。故而心灵励志类图书、媒体、视频能长

期占据不小的市场。

我们在创作此类选题的时候要注意，不能只顾表达自我的观点和独特经历，而要尽量讲述能引起广泛共鸣的内容。因为人不会对自己未曾经历过且无法触及的事物产生共鸣，而好选题往往是大多数人在生活中会遇到的题材。

② 能为读者提供知识，具备实用价值

职场新人求职指南、旅游攻略、美食制作方法、新手爸妈育儿心得、人际沟通技巧、心理学常识、博物科普、营销策划模板，这些文章最大的共同点是"有用"。

实用价值对于读者的重要性，丝毫不亚于情绪价值。无数读者翻阅图书，浏览微信公众号，在社交媒体或者知识平台上向网友发起求助，都是希望获得能解决眼前问题的知识。

如果你在某个领域具备丰富的专业知识，就可以发挥自身学问专长，成为一名分享该领域内容的写作者。你分享的知识经验越专业，对读者越有实用价值，就越能吸引更多人收藏、转发、评论、点赞。而写作变现的高级阶段就是，打造一个属于你自己的知识 IP 品牌。

也许有人会问，倘若没有高学历，也缺乏特别高精尖的专业知识，能写出有用的内容吗？

答案是肯定的。我们对知识的理解不能太狭隘。凡是你不知道的事情，都属于广义的知识。比如旅游博主分享旅游体验、制定旅游攻略固然是一种有用的知识，当地居民分享自己的各种生活经验，也是一种有

用的知识。这种从生活总结出来的实用经验，是旅游博主所不具备的。

也就是说，只要你能写出别人不熟悉的内容，增长他们的见识，就能做出好选题。

3 受众范围广，不局限于某个小群体

我们要认清一个现实：无论多么出色的厨师，都不可能满足所有顾客的口味。同样地，无论多么出色的写作者，都不可能受到所有读者的欢迎。总有人不喜欢你的劳动成果，但你没必要妄自菲薄，只需要服务认可你、喜欢你的读者即可。

为了更好地找到忠实读者，很多写作指南都建议写作新手找到一个垂直领域深耕细作。这是对的，但同时也是相对的。无论你做哪个垂直领域，都应该尽可能地扩大受众范围，而不能把目标受众局限在某个特定的小群体。

为此，我们在策划选题时既要针对明确的读者群体，也要确保这个群体的规模不能太小。

比如你做的是亲子育儿选题，目标受众就应该是新手爸妈群体，再精确一点儿就是以新手爸妈群体需要的实用价值和情绪价值作为选题的主旨。但是千万不要把读者限定为占少数的高收入新手爸妈，而忽视了数量更庞大的收入较低的新手爸妈。读者范围够大，写作变现的回报才够多。

此外，做通用性更强的选题，这样，不管什么年龄、什么性别、什么领域的人都能成为受众。此类选题的阅读量也比较高，需求量也大，

但不足之处在于难以形成你个人专属 IP 品牌，很容易泯然众人。

4　具有时效性，抓住当前热点

新媒体的诞生大大加快了信息的传播速度，同时也大大降低了普通人成为自媒体博主的门槛。在这个背景下，人人都有能力学习写作，并有条件实现写作变现。

需要重视的是，自媒体时代的写作比过去更加讲究时效性。特别是以新媒体平台为主要阵地的写作者，更要把时效性放在至关重要的地位。

那些嗅觉敏锐的写作者，每看到一个新的社会热点，就会赶紧写一篇相关话题的文章，像记者发布新闻一样争分夺秒。你可以把这种行为称为"蹭热度"。

假如你为了写一篇与最近某个热点话题相关的文章，精心炮制了三个月才发表，那就完全失去了意义。因为社会热点层出不穷，公众的注意力一直在转移，只会在那个特殊的时间点对该话题感兴趣。过了那个时间，原先的热点就会被新热点取代，公众就不再对相关文章感兴趣了。你的文章写得再好，要是失去了时效性，读者就会懒得点击阅读，甚至可能反感到选择屏蔽相关关键词的地步。这样一来，你辛辛苦苦写的文章根本没有机会被人看到。

用兵打仗讲究宁拙速而无巧久，这句话对追求时效性的选题策划同样有效。

5 优质内容的标准

所谓优质内容的标准主要有四个：有用、有趣、深刻、新颖。

（1）有用，就是选题要有实用价值，这一点前面说过，此处不再重复。

（2）有趣，就是选题具有趣味性，能满足大众的娱乐需求。有趣的内容可以是生活趣事，也可以是喜剧笑料，总之是能引起大众兴趣的内容。不过，要注意不能犯"娱乐至死"的错误，把需要严肃对待的事物也泛娱乐化，更不能为了博眼球而写一些违背法律、道德、公序良俗的劣质内容。

（3）深刻，就是选题要有一定的深度，能引发人们对某个问题的思考。这就要求写作者不断地学习和积累各种知识，形成自己的认识体系。比如可以从日常生活中发现大多数人熟视无睹的问题，然后挖掘问题产生的原因，提出解决的办法，这样就能让你的选题更有深度。

（4）新颖，就是选题不能是老生常谈、陈词滥调，要从新角度去发现新问题。在策划选题之前，可以先用关键词在网上搜索一下，看同类文章是否已经堆积如山。如果是，这个选题就属于陈旧选题，应该放弃。如果你发现那些文章表达的观点跟你的不一样，看问题的角度跟你的也不一样，那么恭喜你，你发现了一个新选题。

总之，我们在做选题策划时，只要能达到上述标准，就称得上一个好选题。

构思爆款选题的几个底层逻辑

做爆款选题，既需要足够的运气，也要有相应的方法。我们可以多学习和借鉴他人的爆款选题的成功经验，即使达不到同等的火爆程度，也能吸引较高的人气。当然，并非每个爆款选题的成功经验都可以复制，但我们可以透过现象把握本质，搞清楚爆款选题相通的几个底层逻辑。

1　大众对话题的关注度

对创作者来说，只有写大众普遍关心的话题，才能引发群体性的讨论和传播。

信息传播有圈层之分，比如年龄、地域、职业、学历、性别、兴趣爱好等圈层。一篇文章可能在某一圈层传播甚广，在另一圈层却无人知晓。这说明它仅仅抓住了特定圈层的关注点，没能上升到大众关注的层面。

若想要文章的阅读数据大幅增长，就要尽可能地覆盖更多的目标读者。这就意味着，我们创作的内容不能只在一个圈层传播，而要设法打破不同圈层之间的信息茧房，大量增加信息传播的链条，这样文章才有机会"出圈""破圈"。

为此，我们在构思选题的时候，可以对照一下其内容跟哪些圈层的读者有关。如果受众范围偏窄，那就要扩大内容的外延，使之与更多圈层的读者产生联系。如衣食住行、身心健康、自我提升、创富增收等大众关注度更高的话题，只要内容足够"硬核"，质量够好，就有成为爆款选题的潜力。

2 名人效应

这里的"名人"包括现实中的名人、书中的名人、影视剧中的名人等。名人往往在某些方面特别突出，是天然的"流量包"。各大网站的热搜，十有八九跟名人有关。偶有普通人意外引发了火爆全网的热点事件，也会立刻成为新的名人。

所以，几乎没有人不关心跟名人有关的话题或者作品，区别只在于具体关注的是哪一类名人罢了。有的人追逐娱乐明星，有的人推崇国家功臣，还有的人膜拜历史名人或者文学作品中的经典角色。虽然表现各异，但底层逻辑是相同的，都是名人效应的产物。

假如你对现实中的社会名人有所了解，可以围绕他们的专业、经历、观点来撰写文章。因为大众普遍怀有一种"学习名人并成为名人"的心态，至少也想了解一下名人跟普通人有哪些不同。

假如你对历史故事、文学作品、影视作品中的名人感兴趣，可以顺着这个方向深挖。比如从与众不同的角度来重新解读经典角色，同样可以吸引一批喜爱该角色的读者。

3 针对读者痛点提供解决方案

痛点就是生活中令人们感到不适，甚至焦虑、恐惧的问题，比如生老病死、事业瓶颈、容貌衰老、社交障碍、收入降低、教育难题……凡是让你一想起来就感到头痛的各类麻烦事，都属于有待解决的痛点。能提供解决方案的选题，同样具备成为爆款的潜力。

根据痛点的底层逻辑，我们可以采用对比的手法，先让读者意识到自己的痛点，再给出对应的解决方案，展示痛点被解决之后的效果。全文可以采用"目标群体 + 问题 + 解决方案"的结构。

凡是能切实提供解决方案的选题，通常都能吸引众多读者。但需要注意的是，你提供的方案应该是可操作的，而且综合成本不宜过高。否则选题的价值就大打折扣，丧失了成为爆款的可能。比如读者希望能用简单、易操作的方式锻炼身体，你就不宜给出职业运动员的训练方案。

4 具备捕捉热点的网感

"网感"是一个很抽象的词，大致上可以解释为对互联网流行热点的敏锐直觉。网感好的写作者非常适合在新媒体平台上大展拳脚。他们不仅随时观察互联网的每日动态，盯紧每个时段的热搜词条变化，还能敏锐地发现不知什么时候出现的突发新闻，从中找到可能引爆全网的热点。

容易出爆款选题的热点主要有三类：热点新闻、热门影视剧、热门综艺节目。无论哪一类热点，都是网上阅读量可观的热搜话题，甚至你身边的人可能都会参与讨论。

这些热点话题自带流量，只要在热度消退之前及时发布文章，就能获得比平时更高的阅读量。因为不只你一个人追热点，无数微信公众号作者、网红、媒体都会参与其中。众人拾柴火焰高，各大平台也会为之投放流量，将一个个热点打造成流量经济的盛宴。

借助热点来为选题助力，就像利用洋流来航海，可起到事半功倍的效果。不过，既然人人都会本能地去追热点，这便意味着竞争会很激烈。想让热点的价值最大化，要么速度比别人快，在热点将火未火之时就抢占先机，要么观点新颖独特，能从一众关键词相同的跟风文章中脱颖而出。

5 生活成长指南

人生的意义是个永恒的哲学命题。如何过上更好的生活，成为更好的自己，是所有人都要面对的课题。围绕生活、成长方面的问题来做选题，也较容易出爆款。其基本思路是通过文字为读者提供某一方面乃至人生全过程的生活与成长指南。

例如，你可以分享某一行业的个人职业生涯规划，给在该行业工作的读者指明发展路径。你还可以分享关于恋爱、婚姻生活的经验与见解，指导读者更好地处理亲密关系，化解婚姻中的常见矛盾。

这类选题的需求向来旺盛，只是写作者的水平参差不齐，结果要么打造出爆款，要么流于平庸。这主要取决于写作者自身的认知水平与表达能力。表达能力可以通过写作训练来提升，认知水平则需要我们多学习、多积累并深入观察生活。

为了让选题更贴近读者生活，我们在写作时可以结合读者熟悉的某个地点场景、时间场景或者某种具体情境。这样就能让他们更好地代入其中，接受你输出的观点。

总之，我们要熟悉这些爆款选题的底层逻辑，在此基础上深入思考，为自己的选题注入新认识、新经验、新素材，力求写出属于自己的爆款选题。

把素材的特点挖掘到极致

也许你的写作天赋、技巧和经验都不如写作高手，但世上的好选题千千万，他们不可能都写到，世上的好素材千千万，他们不可能都知道。你可以采用差异化竞争的策略，在大众爱看的选题中使用别人没有用到的素材。这样一来，酷爱尝鲜的读者自然会注意到你。

为此，你需要掌握以下两个本领。

快速积累创作素材

积累创作素材分为三个阶段。

（1）初级阶段，围绕单个选题搜集素材。当你开始构思一个选题的时候，应该尽可能地运用发散思维，把你能想到的跟选题相关的一切素材通通记录下来。在起步阶段，你不要急于筛选出切实可行的方案，无论想到什么点子都要记录下来（即使它很离谱）。思路打得越开，搜集的素材越丰富，写作时越胸有成竹。

写作高手往往会在电脑、手机、网盘中存储自己积累的素材，建立素材库，通过关键词搜索，便能迅速找到所需素材。

此外，你还可以在社交媒体和知识平台上输入选题关键词，借助搜索引擎寻找相关信息。微博、微信公众号、新闻媒体客户端、知乎等平台都是重点信息来源。搜到高赞话题热门帖子之后，要注意浏览其评论区和转发区，从这些地方往往能发现一些高质量的评论、新颖的段子以及具有很强传播力的金句文案。这些都可以成为你的创作素材，让作品更加富有网感。

搜集了大量素材后，就要进一步筛选合适的素材。筛选标准如下：

·与选题的直接相关度够高，关联不大的素材即使再好也只能放弃（可存在素材库里备用）。

·素材越新颖、鲜活、生动越好，淘汰那些被用滥了的素材，提升选题的创新度。

·素材应该有代表性、典型性，让人一看就能理解文章的主题。

·素材越真实越好，真实的素材比虚构的素材更具有打动人心的力量。

以上就是为单个选题搜集创作素材的基本方法，你每次写作均可重复这个过程。不写作的时候也要注重积累素材，这能大幅提升运用素材的效率。

（2）中级阶段，在日常生活中随时积累素材。肚里有货才能信手拈来，头脑空空则不知从何下笔。"头脑空空"的"空"就是没有素材可用，只能临时抱佛脚去寻找。"肚里有货"的"货"，就是平时积累好的

素材。具体该怎样做呢？

一是从优秀作品中积累二手素材。优秀的影视作品、文学作品中的观点可以充实你的思想，故事和案例可以丰富你的学识，经典桥段和金句可以激发你的灵感。

二是从互联网上搜索特定素材。只要你善于搜索关键词和筛选信息，你想要的素材几乎都能从互联网上找到。如果写作时，你平时读书、看剧积累的素材用不上，一个方法是去互联网上搜索。如果用某个关键词搜不出有用的信息，就换一个关键词搜。另一个方法是向"万能的微博""万能的朋友圈""万能的网友"求助，通过求助帖找到你想要的素材。

三是从亲身经历中积累一手素材。你的亲身经历是独属于你的一手素材。写作者要善于观察和记录生活，你接触的人和事、你自己每时每刻的感受、你所处的环境的细微变化，都可以成为纳入素材库的信息。相比从别人的优秀作品中提取素材，以亲身经历和感受等一手素材进行创作，更容易形成写作者的个人特色，也更有希望形成风格鲜明的个人IP品牌。

（3）高级阶段，整理自己的创作素材库。养成定期整理素材库的好习惯能让你更快成长。如果认为每天整理太过琐碎，可以每周挑一个固定时间做这件事。具体做法如下。

首先，把找到的观点、故事、案例、金句摘录下来。然后，对这些素材进行精准分类，可以按照市场上读物所属的不同领域来划分，也可以按照观点、故事、案例、金句、脑洞等标签进行分类。最后，给每个素材取一个好记易搜的标题，放入素材库下的对应标签中。

创作素材库可以借助印象笔记、有道云笔记、石墨文档等知识整理工具来完善。只要你长期坚持，日积月累，就能建立一个庞大的素材库。

2　把素材的特点挖掘到极致

平庸的厨师就算拿到上乘的食材，也做不出美食。与此相似的是，部分写作者虽然手握丰富的优质素材，却囿于思路狭窄，无法将素材发挥到极致，白白浪费了这些素材。出现这种情况着实可惜。因此，我们在根据素材写文章的时候，一定要学会充分挖掘素材的特点，进而提升作品的品质。以下两种方法可供借鉴。

（1）多角度挖掘单个素材。面对同样的素材，写作新手往往只会从单一的角度构思，写作高手则能从多个角度去挖掘单个素材的潜在价值。

面粉可以做馒头、包子、面条，也可以做面包、蛋糕、比萨，可谓用途广泛。素材也是如此。如果你能打开思路，就不难发现，同一个素材可以衍生出多个选题。

总之，写作者应该牢固树立多角度开发素材的意识，不要局限于自己的思维。为了锻炼自己运用素材的能力，你可以试着以某一则新闻为基础，写 5 ~ 10 篇不同角度的文章。如果不知道怎样挖掘新视角，可以查找当下互联网上热度最高的热点新闻，通过新闻关键词搜索各种文章，看看不同的写作者是怎样切入选题的，这样就能得到启发。

（2）把不同类型的素材组合在一起。这种手法更多地见于文学创作。当下的文学作品（特别是网络文学）非常注意区分标签元素。例如，番茄小说网的"男频脑洞榜"（基于 2024 年 12 月 25 日版本）分类如下。

> 游戏：穿越、现实、动漫、系统、角色。
>
> 单女主：系统、无敌、玄幻、修仙、重生。
>
> 末世：系统、丧尸、异能、重生、求生。
>
> 搞笑：系统、无敌、轻松、修仙、无厘头。
>
> 异能：系统、觉醒、高武、修仙、灵气复苏。
>
> 同人：龙族、动漫、与凤行、海贼王、系统。
>
> 直播：系统、规则怪谈、国运、求生、娱乐圈。
>
> 诡异：规则怪谈、原神、修仙、穿越、入侵。
>
> 无限：恐怖、穿越、万人迷、副本、修仙。
>
> 扮演：角色、穿越、原神、崩铁、组织。

这些标签分类进行了细化，但事实上，很多网文小说并不只有单一元素，可能同时符合好几个标签的标准。比如"穿越"题材的作品在"游戏""诡异""无限""扮演"四个分类下面都有。我们在写文章时，也可以借鉴这种思路，把不同类型的素材组合在一起，就能不断开发出内容新颖的选题。

打破想不出选题的瓶颈

无论多有才华的写作者，都有过想不出选题的低迷时期和焦虑期。那么，怎样才能打破这个瓶颈呢？短期策略是用新思路开发新选题，长期策略是建立一个足够自己写很多年的专属选题库。接下来我们具体讲解这两种策略。

1　开发新选题

开发新选题主要有两种常用思路：一种是"新瓶装老酒"，另一种是根据大众话题进行创新。

（1）新瓶装老酒，即翻新已有选题。读者对老旧话题不感兴趣，但有些话题是亘古不变的，每隔一段时期便需要有新文章、新书对其进行重新论述。读者在生活中避不开这些话题，但他们需要写作者提供与时俱进的内容，而不是老调重弹、炒剩饭。

已有的选题经过翻新之后，同样能在市场上焕发出新的生命力。具体办法如下。

①替换原有选题的关键词。沿用旧选题的句式，将原先的关键词替

换为其近义词或反义词。

> 原选题：一个加速眼睛报废的动作，你可能天天做
>
> 翻新选题：一个延缓眼睛报废的动作，你可以天天做

把"加速"换成"延缓"，就形成了一个内容相反的新选题。

②给旧选题换个新对象。用新对象来嫁接旧选题，也是一种常见的翻新手法。

> 原选题：你的肾是怎么一步步长出结石的？全过程曝光！
>
> 翻新选题：你的胆是怎样一步步长出结石的？全过程曝光！

将描述对象从"肾"换成了"胆"，内容自然大不相同。

③给同一主题换个新说法。就是用新的表达方式来描述相同的主题。

> 旧主题：别劝我"情绪稳定"，千万别
>
> 新说法：比情绪稳定更重要的，是"情绪自由"

该选题的主题是阐释"对'情绪稳定'的理解不能太绝对化"这一观点，改用"要更注重情绪自由"这个新说法后，令人耳目一新。

（2）根据大众话题进行创新。这里的"大众话题"是指大众在日常生活中肯定会遇到且比较在意的话题。形形色色的大众话题都是开发新选题的源泉。下面是最具有代表性的一组大众话题。

①年龄话题。人生的每一个阶段，都会面临不一样的考验，有不一样的感受。因此，儿童、少年、青年、中年人、老年人等不同年龄段的人群，都有阅读跟自己相关的文章的需求。

假如你此前写的文章主要是面向成年人，那么可以尝试一些针对少儿的选题，围绕少儿生活需求来写文章。另一个思路是将成年人精确划分为"20~30 岁的读者""30~40 岁的读者""40 岁以上的读者""退休的读者"等特定年龄段的群体，然后从中挑选出跟你当前年龄段相仿的服务对象。因为你跟他们有着相似的生活感受，更容易创作出能让他们产生共鸣的作品。

②性别话题。性别话题也是一个热门话题，相关文章的标题中一般会出现"女人／女性"或"男人／男性"这类字眼，其内容可能涉及恋爱、婚姻、性别差异、男女平等、女性主义、亲密关系等领域。此类话题要么从男性视角出发，要么从女性的视角出发，立场非常鲜明。

由于女性和男性在生理、心理、生活方式及需求、发展出路、社会地位等方面存在诸多差异，从不同性别视角看问题会有截然不同的感受和结论。比如"公共场所该不该为女性准备免费卫生巾"就曾是互联网上引起激烈争论的话题之一，众多男女写作者纷纷发文表达自己的观点。

③时节相关话题。每年的年初、年末、各个节气、节假日、纪念日以及其他特定时间点，都是营销活动的重要节点，也是写作的常青话

题。在节日、节气发布相关文章既契合时节氛围，也容易被看到并传播。每年的年终盘点也是一个容易获得流量的话题。

④地域话题。地域话题也是一个贴近人们日常生活的话题，特别是对于热爱旅游的读者来说，此类选题很有吸引力。各个地域的风土人情、历史、现状、风景名胜、族群性格、特殊习俗等，都能成为新选题的挖掘方向。

⑤文艺话题。文艺话题涵盖文学名著、影视作品、综艺节目等方面。这些都是人们平时喜闻乐见的话题，很容易拉近与读者的距离。文艺话题本身自带大量素材，为我们创作新选题提供了极大的便利。比如你可以写文章分析某部影视剧的剧情、对话、人物、动作设计等，来吸引对应的影迷或剧迷的关注与互动。这是一条比较容易获取流量的途径，只要你的选题切入点足够新颖，就能获得良好的反馈。

⑥热点事件。热点事件是大众关注度很高的事件，此类选题能得到热搜流量的助推，从而获得较好的阅读数据。例如，2024 年 12 月 27 日星期五，中国海军 076 两栖攻击舰首舰在上海下水，命名为四川舰，舷号为"51"。这则新闻很快上了热榜，网上随即出现了"首艘！弹射型！四川舰来了！""四川舰下水！军舰起名，有啥讲究？"等相关内容。写此类新选题必须重视时效性，遵循过期不候的原则。

⑦身边的故事。身边的故事是我们极为重要的创作素材来源，只不过很多写作者不善于观察生活，或者误以为身边的故事没有挖掘价值。一切创作都来源于生活，最终服务于生活，能写好身边故事的写作者，同样能在写作变现之路上取得成功。不过，需要注意的是，此类选题不

应局限于鸡毛蒜皮、家长里短，记流水账，而应该包含对人生痛点的共情、对生活真谛的感悟。

⑧精彩评论。多浏览互联网热帖下方的评论区，就能从中看到各种各样的看法、妙语连珠的金句。不同观点的相互碰撞，能帮助你开拓新思路，发散出新选题。

⑨阐述自己对人、事、物的看法。这里的人、事、物可以是身边的，也可以是网络热点中的，还可以是文学作品中的。此类选题带有较强的个人色彩，体现了写作者的认知水平与三观。表达观点并不难，难的是观点能被大众接受。

⑩总结经验、方法、攻略。此类选题讨论的是"怎么做"的话题。由于其实用性强，比较容易受到读者的欢迎。比如快速提升英语成绩的方法、备考某类证书的经验、销售工作技巧、跟客户谈判签约的技巧、办理出国签证的流程、降脂增肌的方法等相关文章，都能引起相应的读者群体的关注。

2　建立自己的专用选题库

可以在积累创作素材的同时，分类记录好自己想写的新选题，建立选题库。为此，你可以在选题库中设置三种类型的子选题库：知识见解类选题库、社会问题类选题库、创作计划类选题库。

（1）知识见解类选题库。阅读、听课、追剧、看展览、日常聊天、工作交流等都是吸收新知识、新观点的主要途径。你学到每一种新知识、新技能，听到或者想到每一个新观点，产生的每一种新认识，都可以随手记录在知识见解类选题库中，用于创作对应的新选题。

记录方式可使用手机备忘录或者电脑中的专属文件夹，用一句话加几个关键词做好记录即可，不用写太长。如果你担心过后会忘记自己当时的想法，就多写两三句加以解释。在准备写作新选题时，打开选题库看一看哪一个备用选题最能激发你的表达欲和分享欲，就先写它。注意要与你的创作素材库搭配使用。平时积累越丰富，创作文章的效率就越高。

（2）社会问题类选题库。优秀的写作者应当对各种重大的社会问题有最基本的了解，并能发表自己的看法。在阅读相关文章及积累选题时，要多留意评论区，了解各种不同的意见，加以分析思考，提高自己对该问题的认知水平。你还可以尝试找出不同的社会问题之间的潜在联系，用更全面的视角看问题。这样就能开发出观点新颖的新选题了。

（3）创作计划类选题库。这个选题库收录的主要是你想创作的评论文章、故事、小说、剧本等写作计划。以文学创作为主要变现方向的写作者，更需要这种选题库。

最后，你的选题库不要设计得太复杂，简单实用就好，关键在于坚持积累。毕竟，这些只是写作的准备工作，不应该占用太多的时间和精力，应将更多的时间和精力放在正式写作环节。

第 3 章

高质量的作品离不开好框架

框架搭得好，写作少烦恼

我们写文章绝对不能想到哪里写到哪里，这样很容易偏离主题。文章的内容框架就像是路标，能提示你把控全文各部分的起承转合，让你的写作如同沿着公路开车一样目标明确且通达。此外，在写文章之前搭好框架，也是一个分解写作任务的过程，对写作规划有很大的帮助。

1 文章框架的构成

文章的框架一般包括四个部分。

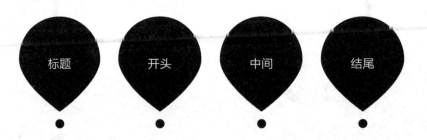

（1）标题。标题堪称文章的门面，通常浓缩了一篇文章的主题。在新媒体时代，读者的注意力非常分散，主要靠标题来筛选值得阅读的文章。毫不夸张地说，文章的阅读量在很大程度上取决于标题是否吸引人。

（2）开头。开头是正文的起始部分。文章开头的五句话对文章的内容质量和传播效果有着很大的影响，因为现在的大部分读者养成了碎片化阅读的习惯，很难静下心来读开头乏味的文章。好的开头必须在短短数秒之内就能引人入胜，否则即便后面的内容再好，也鲜有人愿意耐心读下去。

（3）中间（涵盖道理、故事、案例、方法等内容）。正文的中间部分篇幅最长，内容形式最为多样，框架设计也最复杂。正文讲述的道理、故事、案例和方法，都属于中间部分，其与开头和结尾是相互呼应的关系。我们在罗列文章大纲时，可将中间部分分解为若干个论点，而每个论点又可以进一步分解为若干个小点。有些写作者会在大纲的基础上，进一步标注需要用到的案例或故事，做出更细的写作提纲。

（4）结尾。正文的结尾部分起的是收束全文的作用。如果缺少结尾部分，文章就成了"烂尾文"，会给人一种还没写完的感觉。写作者在设计文章框架时不可忽略这个部分。

2　构建文章框架的基本步骤

（1）明确文章的主旨与核心观点。主旨的不同决定了文章框架的差异。有些文章旨在为读者提供一个宣泄情感的出口，有些文章意在向世人传播作者的观点，有些文章用于说明某个人、事、物的情况，有些文章是为了向人们介绍一种思维方式、方法、工具等。通俗地说，就是写作者应当明确自己要为读者提供哪方面的内容服务。

此外，写作者要明确自己的核心观点。核心观点是贯穿全文的主线，也是全文的精华所在。文章的框架都是围绕对这个核心观点的阐述和论证展开的。核心观点不明确，文章就容易写成一盘散沙。

具体该怎么做呢？首先，你要尝试阐述这篇文章想要解决什么问题，用一句话概括其主旨。接着，你要梳理自己想表达的核心观点，也就是你思考该问题后得出的结论，同样用一句话来概括。随后，你要列出解决问题的具体场景，可以用案例或者故事串联起文章的主要脉络。

（2）罗列大纲。构建框架的主要工作就是罗列大纲，把大纲敲定了，文章的整体框架就一目了然了。

大纲类似于一本书的目录或者一篇文章的分论点小标题形式。有些文章篇幅较短，没有设置小标题，但基本框架也是有的，只是通过总起句或者总结句来区分各部分而已。罗列大纲最大的好处在于，能让你对要写到哪些论点、各部分应该写多少字及文章整体的谋篇布局心中有数。

罗列大纲的具体做法是，把整篇文章按照一定的内在联系分为几个部分，每个部分拟定一个标题，若是标题之下还要分小点论述，就用下一级标题来划分。

常见的大纲结构有递进式、并列式、总分式。简单地说，递进式结构就是大纲的各部分是层层递进的逻辑关系，各部分的先后顺序不能颠倒。并列式结构就是大纲的各部分是并列关系，即便调换位置也不影响对核心观点的阐述。总分式结构就是大纲开头部分提出核心观点（总论点），中间各部分则是对与总论点相关的若干个分论点的论述，结尾部分对上述内容进行总结。

这些大纲结构都很实用，没有优劣之分，具体选择哪一种大纲结构，还得看具体的写作主题。文章的框架把写作要点规划清楚了，接下来就进入了构建框架的第三步——搜集素材环节。

（3）根据大纲搜集素材。关于搜集素材的方法，前文已有阐述，此处不再重复。要补充的一点是，很多新媒体文章都会用案例或者故事作为每个论点的论据。此时，应尽量少用晦涩难懂的专业术语，多用接地气的表达方式。因为当下的读者习惯碎片化阅读，普遍喜欢简单直白、风趣幽默的文章。你在罗列大纲的时候，应尽量把每个分论点的标题取得引人注目一些。

3　构建文章框架时要注意的问题

写作新手在构建文章框架的时候，容易犯一些想当然的错误，导致文章的整体结构不合理，不仅写起来很费劲，写完之后的阅读体验也很糟糕。为了避免这种情况的发生，写作者要注意以下四个问题。

（1）内容重叠。无论大纲的各个小标题是按照并列、递进还是总分的关系设置的，都不应该出现交叉重叠的内容，否则就成了车轱辘话。内容重叠不仅会破坏文章的整体结构，致使正文层次不清，还会使读者难以明晰文章的主旨与核心观点。

所以，列完大纲之后，要注意从全局上观察每个小标题对应的内容，确保大纲的每一个标题都只表达一层意思，每一层意思只归入一个标题。

（2）逻辑混乱。文章的框架缺乏明确的逻辑关系，文字内容混乱，观点矛盾，会让读者感到不知所云。这种问题更容易出现在并列式的大纲结构中，我们在罗列大纲的时候，要注意逻辑严密，避免各个标题相互脱节。若使用递进式的大纲结构，则各部分比较容易实现层层递进、互为因果的关联。使用总分式的大纲结构也比较容易避免此类问题。

（3）不愿意花时间设计大纲框架。一些写作新手不习惯构建大纲框架，更喜欢信马由缰地写作。如果只是写着玩，不期待用文字创作来获取收益，那么便无可厚非。但是，如果你的目标是写作变现，那就要老老实实地花心思设计大纲。

有的人担心大纲会限制创作自由。这其实是一种误解。构建大纲框架，是为了让写作的思路更加清晰。事实上，最终的文章往往并非完全按照初始大纲写出来的，边写边改才是大多数写作者的常态。因为在写作过程中，写作者的认知水平会有所提高，会接触到新的素材，会发现原来的框架不够合理，文章也要随之调整。

假如你认真构建了大纲框架，后续调整起来就会事半功倍。如果懒得构建框架，全凭感觉写，回头改起来很可能要推倒重来。

（4）内容不合适。构建大纲框架的时候，一定要避免列举的观点过多或者过时，还要注意讨论的问题的范围不要忽大忽小。每个部分的内容应该聚焦于一个相对较小的切入点，把分论点讲透。此外，尽可能用比较新的词语来描述。与时俱进的文字，能让读者感觉更加舒适。

没有吸睛标题就没有爆款作品

标题就是文章的门面。一个吸睛标题能显著增加文章的阅读和转发量。因此，许多作者投入大量时间精心设计标题，以提升作品的传播力。

1 好标题的标准

众多写作者苦于拟标题已久。不少人能写出一篇好文章，却偏偏拟不出一个好标题。拟不出好标题的根本原因，在于不清楚什么样的标题才是好标题。倘若你的标题符合以下几个要求，就是一个好标题。

（1）主题鲜明。文章标题就是你的写作主题。主题明确，文章就有了提纲挈领的主旨，不会漫无边际，成为缺乏价值的文字堆砌。切记！文章中的每一段内容都要围绕主题展开。文不对题、偏题、跑题，都是写作的大忌。

好标题能准确地概括文章的主题，读者一看到它就能明白作者要阐述的话题内容。例如，情感类文章《怎么谈恋爱，才能越谈越爱》，主题显然是教授谈恋爱的技巧，目的是让读者通过学习这些技巧达到"越

谈越爱"的效果。这样的标题没有过多的修饰，却能瞬间抓住读者的痛点。

（2）有利于目标读者筛选所需内容。在现代社会信息爆炸的大环境下，读者的注意力是分散的，也不愿意花费太多时间和精力去筛选阅读内容。为了降低阅读成本，他们一般是通过标题来筛选自己想阅读的文章。假如你的标题不对他们的胃口，文章就不会被点开。帮读者降低筛选阅读内容的成本，也是好标题的一大显著特征。

不同读者群体的口味存在差异，有些读者喜欢直白的标题，有些读者喜欢带有数字的标题，有些读者喜欢有文艺范儿的标题，有些读者喜欢反常识的标题。拟标题时要明确自己的文章是写给什么群体看的，这个群体有哪些需求，喜好什么风格的标题。你在标题中展示出的世界观、人生观、价值观，会吸引持同类观点的读者。当然，持相反观点的读者也可能会在评论区与你展开争论。

（3）利于引流。在新媒体平台上，文章的传播效率往往取决于标题是否抢眼。好标题能吸引读者点赞、评论、转发、分享，使文章的内容得以广泛传播。一切爆款文章都是通过标题来引流的，其中既有众多微信公众号争相转载带来的流量，也有因标题关键词触发系统奖励而投放的流量。例如，"小孩哥"是 2024 年诞生的一个网络热词，在 2025 年依然流行，许多爆款文章都在标题中加入了这个关键词，就像"这两位'小孩哥'，创造历史！"这个标题。

2　写爆款标题的实战技巧

爆款标题的创意丰富多样，但也遵循着一定的规律。当你不知道该怎么拟标题的时候，可以运用以下技巧。

（1）在标题中设置悬念。人人都有好奇心，区别只在于好奇的领域、对象不一样。文章标题只要设置了悬念，就能激发读者的好奇心，就不会缺少流量。

（2）激发读者的危机感。在文章标题中提到读者不愿面对的危机，他们便会忍不住去阅读文章内容。注意，不要过度渲染恐怖、制造焦虑，只需指出不做某事或者做某事可能引发的危机即可。

（3）引起读者的情绪共鸣。读者最希望能有一个"嘴替"说出自己最想说的话，为自己提供情绪价值。在文章标题中扮演"嘴替"，为读者提供情绪价值，就能引发广泛的共鸣，文章的阅读量自然也就上涨了。

（4）向读者展示好处与价值。在文章标题中突出内容能给读者带来的收益和帮助，对他们而言很有吸引力。实用干货类的科普文章或者攻略指南等，都可以用这种思路拟标题。

（5）结合新闻热点。结合新闻热点拟标题的最大好处，就是能享受一段时间的热点流量红利。

（6）颠覆读者认知。在文章标题中提出一些反常识、反经验、反直觉的观点，会激发读者的尝鲜心理和好奇心。当然，"颠覆认知"不等于"胡说八道"，文章内容应该与标题相符，且能自圆其说，这样才能

取得好的效果。

（7）运用对比的手法。在文章标题中使用对比手法，可以制造鲜明的反差，吸引读者想弄清楚两者的区别具体是什么样的，以及是怎样产生的。

（8）"故事 + 观点"拟题法。通过人物的经历来表明主题，再输出作者的观点，也是爆款标题常用的手法之一。

以上就是取爆款标题的 8 种常见思路。为了更好地掌握它们，你可以用这 8 种思路为同一篇文章取标题，看一看哪一种风格的标题效果最佳，然后再根据每个选题的特点，采取相应的思路拟定标题。

用好文章框架，写出高质量文章

这里将介绍 9 种常用的文章框架，只要熟练掌握它们，就能写好绝大多数类型的文章。

1　盘点式框架

盘点式框架是写长文最简单的方法，常用于总结知识点类文章、分享思考类文章、传播方法类文章。只要盘点出若干个要点，就自动搭建好了全文框架，再往里面填充内容就行了。

2　"总—分—总"式框架

"总—分—总"结构也是最基本的写作框架之一。开头部分阐述主题，提出总论点；中间部分提出多个分论点并进行论证；结尾部分升华主题，与开头相互呼应。

具体来说，开头部分可以先讲述一个案例、故事、场景、生活痛点或社会话题，然后引出总论点。中间部分是整篇文章最核心的部分，需要把总论点拆分成若干个分论点，通过对每个论点进行论证，从不同的角度说服读者，一般要借助案例或故事来阐释其中的道理。结尾部分一般是提出结论，回应总论点，给出解决问题的方法，或者发出相关号召。

"总—分—总"结构是最简单实用的一种写作框架，比较容易做到布局合理、层次分明。搭建这种框架最主要的难点在于把总论点拆分成一个个逻辑严谨且紧扣主题的分论点。

3 2W1H 式框架

2W1H 式框架包含三个部分：是什么（What），为什么（Why），怎么做（How）。

这种框架结构简单，逻辑严密，层次清晰，好懂易学，非常适合写介绍经验、方法、课程之类的干货文章。

（1）是什么（What）。这部分主要阐述你要给大家介绍的事物、方法、概念、观点、现象等，尽可能地将其定义、具体特征都讲清楚。

（2）为什么（Why）。这部分阐述的是原因，比如事物产生的来龙去脉、引发某种现象的根源、某种方法背后的原理、某个概念或观点形成的缘由。要把原因讲透，才能帮助读者透过现象看本质，做到知其然，也知其所以然。

（3）怎么做（How）。这部分讲述的是具体的对策及相应的操作步骤，要讲清楚具体措施及操作中的注意事项，可以说是全文中实用性最强的一部分内容。

4　SCQA 框架

SCQA 框架也是一种逻辑严密的文章框架，常用于自媒体文章写作。

这种框架的内在逻辑就是：提出问题 + 分析问题 + 解决问题。它的构造包括以下四个部分。

文章的开头先描述一个情景（Situation），以便引入主题。这个情景应是人们司空见惯的，且与人们的实际需求存在某种冲突（Conflict）。接下来，围绕这种冲突提出问题（Question）或者质疑，然后分析问题，最终给出合理可行的解决方案、实用建议、答案（Answer）。

无论是故事类文章、干货类文章，还是输出观点的文章，都适用 SCQA 框架。甚至在诸如职场沟通或策划商业文案等应用场景中，SCQA 框架都是一个非常好用的思维工具。

不过，写作新手在使用 SCQA 框架的时候，常常会犯两个错误：一是在分析问题的时候泛泛而谈，没有抓住主要矛盾；二是提出的答案（即解决方案）过于笼统，解决不了文中提到的问题。

为了避免出现这种情况，我们在使用 SCQA 框架写作时，可以引用一些权威的理论或方法作为分析问题的工具，提出解决方案的时候也可以借鉴一些被实践证明卓有成效的科学方法，这样才能让读者更加

信服。

5 同维度并列式框架

这种框架的基本结构是:(总观点 +)观点 1+ 观点 2+ 观点 3 (+ 总结观点)。也就是说,框架之下的所有分论点都处于同一个维度,每一个小标题都属于大标题的一个分支,而且往往采用统一的句式。

同维度并列式框架可以从主题关键词的具体表现、可能带来的好处、可能造成的不良影响三个方面去展开论述。这里的同维度,包括同维度的原因、方法、要素等。同维度并列式框架往往看起来像一组排比句。

例如,浙江宣传网的社评《弘扬"六干"精神,透出什么信号》的第三部分,就使用同维度并列式框架来讨论弘扬"六干"精神的四个要点,具体如下:

> ·既要锚定干的目标,也要掌握干的方法。
> ·既要激发干的愿望,也要提升干的本事。
> ·既要注重干的过程,也要评价干的实效。
> ·既要知道为了谁干,也要清楚依靠谁干。

这四个要点属于同维度的分论点,放在一起就形成了一组排比句,通过多角度阐释,以恢宏的气势增强了论证的力度。

6　逻辑递进式框架

逻辑递进式框架的特点是，框架下的所有分论点呈现出一种逐层深入的逻辑关系。这些分论点环环相扣，使文章具有很强的说服力。

这种框架比同维度并列式框架要难写一些。因为同维度并列式框架的各个论点是并列关系，各个小标题交换位置也不影响整体结构的合理性，逻辑递进式框架则不然，各个小标题必须严格遵循层层递进、一环扣一环的原则，不得颠倒顺序。

例如，微信公众号"简单心理"2024 年 12 月 23 日文章《比情绪稳定更重要的，是"情绪自由"》就采用了逻辑递进式框架，具体分论点小标题如下：

> 01 情绪自由，并不意味着"想发火就发火"
>
> 02 "情绪自由"的 2 个底层逻辑
>
> 03 如果"感觉不到自己的情绪"该怎么办？
>
> 04 不要说出你的意见，而是说出你的感觉

这四个小标题先阐释"情绪自由"的定义，再深入探讨其底层逻辑，然后进一步指导读者怎样感知自己的情绪并描述自己的感觉，最终掌握实现"情绪自由"的方法。通过层层递进的论述，读者就能清楚地了解实现"情绪自由"的全过程。

7 对比式框架

对比式框架的基本结构是：（总观点＋）正面事例（带来好结果）＋反面事例（导致不良影响）（＋总结观点）。

其特点是从正面和反面两个角度来论证观点。这种结构通常分为三个部分：第一部分从正面提出一个观点；第二部分从反面指出不这样做会有什么样的后果；第三部分总结全文，升华主题，呼吁读者践行这个观点。

对比式框架的写作重点是对比正面和反面的不同结果，对比越强烈，论证效果越好。这种框架主要用于输出观点类文章的撰写。

8 核心观点多案例式框架

核心观点多案例式框架是一种结构比较简单的框架，主要用于输出观点类文章的撰写。其特点是，全文只讲一个观点、一种认识、一种方法，但会列举多个不同的案例来论证。这些案例可以是正面的，也可以是反面的，还可以是来自不同场景的。案例涉及的角度、应用场景越丰富，覆盖的读者范围便越广。

用这种框架写作时必须寻找多个不同类型的案例，还要注意确保每个案例都能让对应的读者群体产生代入感，同时要确保每个案例都围绕核心观点。

9　人物故事式框架

人物故事类文章也是一种常见的文章类型。此类文章的框架往往具有故事性与可读性，并且能给读者带来某种启迪。构建人物故事框架的方法较为简单，主要包括以下四个步骤。

（1）要阅读所写人物的相关材料，阅读材料多多益善，把关键时间点和关键事件都记录下来，作为备用素材。

（2）在积累素材的基础上，梳理出一条人物经历的时间线。可以采用人物大事记或者年表的形式来整理。

（3）以时间线为主线，根据若干有代表性的关键事件把人物经历划分为几个阶段。

（4）概括人物在每个阶段的经历，进而形成全文的整体框架。

这种框架主要适用于人物深度报道、历史人物传记、名人故事等类型的文章撰写。如果你选取的故事素材本身很有意思，按照这种框架写的文章就很容易受到读者青睐。

其实，爆款文章并不拘泥于某一种框架，也可能是多种框架结合的产物。当你能根据不同的写作需要灵活选择合适的框架时，就能让不同类型的文章都达到最佳效果。

第 4 章

写出质感十足、人人爱读的稿件

逻辑要严密，论证要精辟

一篇好看的文章通常做到了两点：一是逻辑比较严密，二是论证观点的过程足够精辟。这样的文章读起来会很流畅，让人忍不住想一口气读完。

1 如何让文章的逻辑严密

所谓逻辑严密，主要体现为层次分明、条理清晰、观点站得住脚、阐述的道理不违背客观规律和生活常识。有些写作者本身思路不够清晰，撰写文章时为了凑字数就东拉西扯，不讲章法，如此写出的文章自然会让读者不知所云。下面四个办法可以帮你有效避免文章逻辑混乱的问题。

（1）将结论前置。之所以要这样做，原因有两个。其一，把结论放在文章开头有利于提高阅读的便捷性。当代人习惯了碎片化的浅阅读，普遍缺乏细读文章的耐心，期望能在最短的时间里弄清楚文章的核心观点。将结论前置，就能帮助读者快速判断这篇文章对他们而言有没有深度阅读的价值。其二，结论先行也有助于我们明确自己的写作主旨。

结论先行的写法可以细化为三种类型：先说结果，再阐述原因；先说目标，再说明方法；先说总论点，再展开论述分论点。

这样的做法符合人们日常的阅读理解习惯。如果你先写原因，可能会出现一种情况：分析原因时越扯越远，最终忘记了要围绕结果来分析原因。当你先明确了结果再去分析原因时，就像是预先设定了一个地标，朝着地标前进就不容易迷失方向。此外，结论先行的写法也很适合用来写"总—分—总"式框架、逻辑递进式框架的文章开头。

（2）对信息进行分类归纳。在互联网极度发达的今天，写作者能轻而易举地获取海量信息。但是，写作新手与写作高手对信息的整理能力存在很大的差异。文章的逻辑混乱首先表现为信息杂乱无章。没有经过分类归纳的信息，就像一组毫无规律的数字一样，不好读，不好理解，不好记。

我们在整理信息的时候，应先把写作要用到的信息全部罗列出来，然后定下分类标准，依据该标准对信息进行分类归纳，把性质相同的信息归为一类。注意，经过分类归纳的信息应当相互独立，没有重叠。此外，尽量穷尽所写主题涉及的各种情况，使文章内容更加全面且有条理。

初始阶段，写作新手对信息的归类可能不够合理，难以分清大类和小类，甚至会出现分类重叠、相互矛盾的情况。不过，不要紧，熟能生巧，多多学习爆款范文的信息分类归纳方法，你的思维逻辑就会越来越严谨。

（3）对内容进行合理排序。逻辑混乱的另一个表现，就是语言表达

颠三倒四，就像一部被剪辑得杂乱无章的电影，开头说的是这件事，随后却说了一件与剧情无关的事，接着又把本该是结局的内容放置在中间部分，结尾反而去阐述开头没有说清楚的事情起因。这样的作品，观感自然是极糟糕的。

写文章也是一样的。内容按照一定的逻辑顺序排列，清楚地讲述内容的起因、经过、结果，来龙去脉一目了然，读者才会有畅快的阅读体验。

对内容进行排序的常见思路有以下几种：

> ·按照时间顺序排序——先写最早发生的事，再依次写后续发生的事。
>
> ·按照内容的重要程度排序——先写关键内容，再写次要内容。
>
> ·按照事情的因果关系排序——先写原因再写结果，也可以先写结果再追溯原因。
>
> ·按照事物之间的联系排序——可以先写内因，再写外因；先写上级，再写下级；先写宏观，再写微观；先写整体，再写局部。
>
> ·按照操作步骤排序——先写第一步，再依次写后续步骤。

上述几种排序涵盖了大部分写作类型，写作时根据素材的特点选择最合理的内容排序方式即可。

（4）聚焦主题，舍弃无关信息。好文章的内容往往是翔实的，但并不是信息越多越好。一篇文章，无论篇幅有多长，都不可能穷尽世间所有的人、事、物、道理、方法。通常，文章的篇幅是有限的，能容纳的信息也是有限的。如果写作者不分主次，眉毛胡子一把抓，什么内容都想写进作品里，就会削弱主题，让读者感觉无关信息（俗称"废话"）太多，影响阅读体验。

为了让文章更有逻辑，就需要聚焦主题，舍弃与主题无关的信息。无关的信息可能是一个你觉得朗朗上口的金句，也可能是一个生动有趣的案例或故事。无论它的可读性有多强，只要与主题关联不大，就不应该出现在文章中，否则就会破坏文章的整体结构和表达效果。

此外，写完文章后，通读一遍，做减法，删掉多余的部分，突出重点、要点，文章读起来会更加流畅。

2　精辟的论证是怎样达成的

好文章在摆事实、讲道理方面都有其闪光点。比如论点鲜明且让人耳目一新；论据生动形象、通俗易懂，能有力地佐证论点；论证过程妙语连珠，蕴含着深刻的思想。这些共同促成了精辟的论证效果，使得文章质感十足，深受读者喜爱。

怎样才能达成这样的论证效果呢？

（1）采用科学合理的思维方式。写文章时，可以采用以下几种思维方式，提升文章的思想内涵。

①正向思维。正向思维是最基本的思维方式。当你想写某个话题时，就先从书籍、网络上以及相关人员处搜集足够多的信息。例如，看看相关的文章、评论、弹幕，跟网友交换意见，进而了解大众对该话题

的主流看法，把这个主流看法提炼出来，作为文章的核心观点。这就是正向思维过程。

用正向思维写文章比较容易给出让大众接受的内容，进而获得广泛的共鸣。不过，主流看法本来就是大众化的，如果只是简单复述，就会人云亦云，没有新意。因此，在整理主流看法的时候，我们要注意将其整理得更加全面、深入、清晰、准确，最好能加入一些新元素。

②逆向思维。逆向思维的特点是反常识、反直觉、反经验。注意，逆向思维不是刻意标新立异，不是唱反调，而是要有站得住脚的理论支撑。逆向思维的"逆"，只是对人们主观经验和看法的逆反，而非对客观事物、规律、法则本身的逆反。

换言之，逆向思维就是通过变换角度来重新认识人、事、物。它不仅打破了人们的思维惯性，给人耳目一新的感觉，还能给读者带来智慧的启迪。

我们可以先用正向思维看问题，再转换成逆向思维看问题，然后对比不同角度之间的差异，从而得出新颖的观点。这很考验写作者的思维能力，但也能帮助写作者写出令人叫绝的奇思妙想。

③批判性思维。批判性思维是人们经常提到的一种思维方式，换个说法就是"独立思考"。众所周知，人普遍有从众心理，遇事会随大流，按照主流观点行动。但是，随大流并不总是正确的，盲目从众反而会错失机遇，甚至招致祸端。

为此，我们应该培养自己的批判性思维，遇事不要急于下结论，大胆质疑，小心论证，用实践检验真知。

运用批判性思维最能让人写出深刻的观点。但是，批判性思维要以实事求是为基础。若是不分青红皂白地质疑或批判一切事物，就会沦为"杠精"，文章表达的观点自然也不能令人信服。

④举一反三。聪明的写作者善于触类旁通，举一反三。他们可以从一个核心观点中衍生出多个观点，把一个道理推广到多个领域，把一种实用方法应用到不同的场景。举一反三考验的是写作者的系统思维能力与洞察各个事物之间内在联系的能力。当你掌握了这种思维方式，写文章的思路就会变得空前广阔。

（2）论点对读者的胃口。相对于文笔而言，论点才是文章的灵魂。再好的文笔，如果写了令人反感的论点，也会被读者唾弃，严重的，甚至会被举报或投诉。你的文章是写给目标读者群体看的，读者希望看到你写出他们的心里话。这便是最大的流量密码。

当你写完一段论述后，要问自己两个问题：

> ·我提出的论点跟我的目标读者有关系吗？
>
> ·这个论点符合大多数目标读者的生活经验和价值观吗？

如果你都能给出肯定的答案，那么你的读者大有可能会对这段文字产生共鸣。

除了能与读者产生共鸣之外，另一个对读者胃口的要素就是能增长见识。人们阅读的直接目的之一就是增长见识。你的经验或论点应该带给他们新鲜感，超出他们的旧经验和旧认识。许多微信公众号的文章标题与文字内容都是以"颠覆认知"为卖点的。

就实践而论，多数所谓的"新观点"并不是从来没出现过，也未必能够真正颠覆传统认识，但只要能让读者对自己习以为常的经验与认知产生动摇，你的文章就抓住了他们的好奇心与求知欲。

（3）给出有说服力的论证。有说服力的论证通常具备以下特征：

· 真实可信——你的观点要实事求是，论证过程要经得起检验，不能弄虚作假、捏造事实充当论据。

· 充分说明——用辩证的眼光分析问题，用客观公正的态度来说明情况，为论点提供充分的论据，不让论证出现逻辑漏洞，不遗漏重要问题。

· 典型案例——选用广为人知的、大众认可的、符合生活常识与基本道理的案例为论据，才能有力地证明论点。

· 见解新颖——从新的视角看问题，在文中提出让读者感到"意料之外，情理之中"的见解。

· 针见血——犀利的论述才能震撼人心，迅速引起读者的重视。

总之，当你做到上述要求之后，文章整体的思想性和流畅性都会上升一个台阶。

没有金句就没有爆款文章

一篇好文章总有几个让人印象深刻的句子。它们有时候会被写作者以加粗、高亮等形式突出显示，甚至会被当成宣传这篇文章的文案。这样的句子大多能打动人心，给读者启迪与鼓舞，故被称为"金句"。

怎样从文章中找到金句呢？识别方法很简单，对比这四个特征即可：一是金句通常是简短精悍的一两句话；二是读起来非常顺口，便于记忆；三是能让人瞬间抓住文章的核心观点；四是感染力明显比其他句子强得多。

例如，"现在的你，是十年前的你决定的，十年后的你，是现在的你决定的"这句话，要表达的观点就是人们未来的发展取决于当下的决策与行动。它的前半句与后半句不完全对仗，但字数相同，读起来很有节奏感，而且表达方式贴近生活，很有金句的风范。

如今，任何一本指导写作的书，任何一个写作训练营，都会把创作金句当成一个重要的写作技巧。因为在今天，金句对文章的重要性与日俱增。

1 为什么要多写金句

在网上搜索"金句"这个词条，可能会看到以下类似信息：

> 高质量金句摘抄，受益终身的好句子。
>
> 这些《人民日报》的金句大气给力，写作文屡试不爽！
>
> 166 条"天花板"级金句，硬核摘抄！
>
> 超经典的朋友圈金句，让你脱颖而出！
>
> 世界名人金句 57 条，百读不厌，永世经典！

人们之所以如此关注金句，是因为它对写作变现的影响很大。没有金句的文章也许同样具备优质内容，但不容易给读者留下深刻印象。这很可能导致文章错失成为爆款的机会。

因为，我们做不到背诵每一篇看过的文章，甚至过后就会忘掉每个部分具体写了什么。要是文中没有一两个能让人印象深刻的金句，我们对那篇文章的记忆就所剩无几了。反之，只要记住了文中的金句，我们就能借助这些句子轻松地记起文章的内容。这便是金句的第一大作用。

金句的第二个作用是能成为属于写作者自己的"名人名言"，更好地传播写作者的思想。金句本身是写作者对自己思想的提炼，有很强的传播潜力。当读者从文章中读到心仪的金句后，会乐于分享它、引用它，写作者的言论由此变得广为人知。金句出名了，写作者也会因此出名。当写作者的名气因金句提升后，又会让其文章与思想更容易得到传播。这将是一个良性循环。

金句的第三个作用就是能吸引"同类项"，通俗地说，就是你的同道中人会顺着你写的金句找到你。不能引发读者共鸣的句子不可能成为金句。金句都是直指人心的，但只有与你思想同频的人才会被瞬间吸引。既然如此，你在写作或者改稿的时候一定要注意加上金句，为文章锦上添花。

2　怎样练习写金句

练习写金句可以从以下三个方面着手。

（1）阅读积累。常用的汉字也就 3000 个左右，为什么有人能用它们组合成金句呢？能否写出金句并不受个人天赋高低的影响，而是更多地取决于个人的阅读量。大家都听说过《伤仲永》的故事。仲永天赋过人，五岁"自是指物作诗立就，其文理皆有可观者"，但其父母只知道利用其天赋谋利，而不好好培养他，也不让他学习，使得他最终泯然众人。可见，不管是多高的天赋，如果得不到知识学问的滋养，就像没有浇灌水和施肥的花朵一样，迟早会枯萎。

写作高手会坚持阅读书籍、文章，观看广告、影视作品、综艺节目，勤于跟网友交流并搜集看到的金句。

（2）分析金句。要勤于分析搜集的金句。分析金句的过程类似于工程师拆装一台机器设备的过程，先把每个零部件拆下来，再组装回去，就能把这台机器设备的构造彻底搞清楚。你可以从结构、修辞手法、押韵技巧、表达方式等方面分析每一个金句。

随着分析经验的积累，你对金句的理解就会从量变转为质变，体验到"忽然开窍"的美妙感受。从现在开始，你可以试着给自己定一个小目标——搜集1000个金句并简要写下分析结果，然后从中找出创作金句的规律。到那时候，你阅读文章时不仅能一眼识别出金句，还能瞬间判断出那个句子运用了哪些套路。

（3）先仿写再原创。经过前两个步骤，你就已经熟悉各种金句的写作模式了。接下来便要进入实战。写作新手不必一开始就要求自己原创出一个金句来，可以先从仿写金句开始。例如，你可以先找一些脍炙人口的金句，修改其中几个关键词，或者按照它的结构进行仿写。当你能熟练掌握金句的常用句式之后，再试着写原创金句。

3 创作金句的常用技巧

创作金句有以下几个思路。

（1）重复法。重复法的特点是使用重复的词或者句式。由于关键词重复出现，句子表达思想感情的效果会增强。你可以使用相同的名词、动词、形容词，或者是带有同一个字的词语，或者是相同的句式。

> · 画虎画皮难画骨，知人知面不知心。（使用相同的动词"画"与"知"）
>
> · 你的作品可以接地气，但不能接地府。（带同一个字的词语）
>
> · 生如夏花之绚烂，死如秋叶之静美。（相同的句式）

（2）押韵法。押韵法是写诗歌、骈文、顺口溜的常用写作技巧，也是一种非常好用的金句创作方法。它的特点是将带相同或相似韵母的字放在每个分句的末尾，让整句话读起来有种诗歌般顺口的韵律。

> ·近水知鱼性，近山识鸟音。
> ·一个好汉三个帮，一个篱笆三个桩。

（3）回环法。回环法的特点是前后两句话结构相似，采用相同的词语，只是排列次序不一样。这种句子比单纯的重复法更为巧妙，前后两句话有重复出现的词，却形成了一种相互对立、循环往复、整齐匀称的妙趣，表达的意思更能发人深省。

> ·你不去看世界，世界也懒得看你。
> ·给岁月以文明，而不是给文明以岁月。

（4）对比法。对比法的特点是通过对比的方式突出思想感情或观点态度。它通过对比两个性质相反的对象，在读者心中制造反差感，从而产生强烈的冲击力。对比的对象可以是人、事、物、后果等。

> ·幸福的家庭是相同的，不幸的家庭各有各的不同。
> ·有心栽花花不开，无心插柳柳成荫。

（5）类比法。类比法就是通过找到一个共同点，将不同的人、事、物进行类比。这种手法在各类写作中都应用普遍。尽管类比不一定是逻辑严密的，但它感性、直观、形象，反而更戳心。直指人心恰恰是金句要想达成的效果。

> ·我说你是人间的四月天，笑响点亮了四面风，轻灵在春的光艳中交舞着变。（出自林徽因的现代诗作《你是人间的四月天》）
>
> ·这个家庭的历史是一架周而复始无法停息的机器，是一个转动着的轮子，这只齿轮，要不是轴会逐渐不可避免地磨损的话，会永远旋转下去。（出自加西亚·马尔克斯魔幻现实主义长篇小说《百年孤独》）

（6）提问法。提问法就是使用设问句或者反问句来创作金句。此类金句发出的往往是对灵魂的拷问，会给读者带来极大的心灵震撼。

> ·谁是最可爱的人？ 是那些默默奉献、不求回报的人。（设问式金句）
>
> ·人生哪有那么多正确的选择呀，大家不都是先做选择，然后把它变得正确吗？（反问式金句）

（7）数字法。数字具有鲜明、直观的特点，容易抓住人的眼球，因而运用数字也是一种很有用的金句写法。在大数据时代，读者大多不喜欢看作者玩虚头巴脑的文字游戏，更喜欢文章用数据说话，带有数字的金句就很容易入他们的眼。

> ·80 亿的人口，每个个体都是独一无二的，构成了这个多彩的世界。
>
> ·1500 万年的进化，让我们从单细胞生物变成了智慧的人类，这是自然选择的力量，也是生命的不屈。

开头精彩，方能留下读者

一个好的开头，能开宗明义，让读者知道文章想说什么；能抛出问题或者悬念，吸引读者忍不住看下去；能调动读者的情绪和情感，引人入胜。虽然再好的文章，完读率都不会是100%，但是一个好的开头，能让人们在文章上停留更长的时间，甚至读完全文。

下面这几种写开头的方法不容错过，总有一种能帮助你写出爆款文章。

1 开门见山，直奔主题

开门见山式开头的特点是直截了当，在文章开头就表明观点。这是写开头最简单的方法，没有花样技巧，主要应用于输出观点的文章。在碎片化阅读的大环境下，开门见山式开头依然是实用的。

因为，大多数读者没有耐心读完自己看到的每一篇文章。他们会通过阅读开头迅速了解文章的主题与核心观点，快速判断该文章对自己来说，有没有通读的价值。开门见山式开头直白，不绕弯，有利于读者在最短的时间内完成对文章的价值判断，故而在写作中依然能发挥不错的作用。

例如，浙江宣传网 2024 年 12 月 24 日社评《不能听后很激动，回来没法行动》一文的开头：

> 为了落实上级意图，深入推进各项工作，提出一个切实可行的目标是十分必要的。正值岁末年初，各地各部门都在深度思考和认真谋划明年的重要工作，提出一系列工作目标，以凝聚共识、明晰路径。
>
> 然而，有一种不良现象需要引起警惕、加以避免——一些地方和部门提出的目标愿景，听上去很美好，让人感到激动万分，但是目标一旦进入到执行环节，却发现根本没法展开去做。

这篇文章在开头就指出了有些地方和部门提出的目标愿景听起来很美好，但实际上无法执行的现象，读者一看就知道，文章的主题是讨论关于目标愿景应该怎样贯彻执行的话题。

2　引入场景，身临其境

这种开头先描绘一个场景，再引出文章要表达的内容。此法能给人以很强的代入感，很容易让读者产生情绪上的共鸣，故而是应用得很普遍的一种写作方法。

有些关于事件或者人物的报道，经常使用引入场景式开头。铺垫好场景之后，再提出观点或者疑问，然后展开论述。讲述历史或者科普知识的文章，同样可以根据情况使用这种开头。

例如,《西汉边疆基层干部的一天》(微信公众号"博物馆 看展览"2018 年 2 月 15 日文章)一文的开头:

> 西汉元帝时期,一个普通的日子。
>
> 汉帝国西部边疆的肩水金关管理所内,一个名叫礼忠的基层干部正在填写一份《财产申报单》:
>
> 姓名:礼忠
>
> 年龄:30(岁)
>
> 职务:候长
>
> 住址:广昌里
>
> 私有财产情况及价值:小奴 2 人,价值 3 万钱;大婢 1 人,2 万钱;轺车 2 辆,共 1 万钱;马 5 匹,共 2 万钱;牛车 2 辆(各配 1 头拉车牛),共 3 万钱;耕地 5 顷,5 万钱。共计 15[①] 万钱。
>
> 另有住宅一套。
>
> 写着写着,礼忠的内心就开始吐槽……

这篇文章的主题是科普西汉边疆基层官吏的日常生活,作者没有用常规的开头方式,而是先描绘了一个名叫"礼忠"的西汉边疆基层干部填写《财产申报单》的场景。这种生活化的场景让读者顿时联想到自己填表格时的样子,一下子就拉近了与古人的距离。

---

①这里应为"16",原文有疏漏。

3　引入热点，制造话题

热点话题本身带有很大的流量，会引来许多读者关注。在文章的开头引入热点话题，从而在短时间内实现增长流量，是新媒体时代的一种常用写作手段。各大互联网平台都设置了专门的热点话题区域，写作者可以从中找到可用的热点。新闻事件、热点人物、高人气影视剧、热搜词条等都是可以利用的热点。

例如，《人的一生都在被激素硬控？看这一篇就够了（建议收藏）》（微信公众号"中信出版"2024 年 12 月 27 日文章）的开头：

> 是谁还没看《再见爱人》？
>
> 省流概括：观众一窥三对情侣间的相处模式和冲突解决方式，并且在网上引起一波又一波关于性别差异和两性关系话题的大讨论。

这篇文章是为宣传《雌激素：关于情绪、陪伴与爱》一书而写的推文。开头引用了热门综艺《再见爱人》，然后引入两性差异和两性关系的话题，为下文科普雌激素和雄激素做好了准备。

我们在使用引入热点式开头的时候，必须使用过渡句完成开头部分与中间部分的衔接，否则文章容易跑题。

4　引入故事，娓娓道来

人们大都喜欢看故事，所以用故事作为开头也是一个写文章的好办

法。这个故事可以是历史故事、现实经历、虚构的故事，只要能引起读者的兴趣并且符合文章的主题，就可以用来当开头。

需要注意的是，引入故事式开头应当简洁生动。写作新手一不小心就会犯叙事啰唆的毛病，把用作开头的故事写得太长，使文章的整体结构失调。而写作高手能用寥寥数语写清楚故事，引出文章的主题或者更多的故事。

例如，《军事上的强人，政治上的高人》（微信公众号"最爱历史"2025 年 1 月 5 日文章）一文的开头：

> 东晋成帝时，王导接见了一名来自京口的使者。这名使者带来当朝太傅也是辅政重臣郗鉴的橄榄枝：他的女儿长大了，欲寻个好女婿，两家正好门当户对，正好结个亲家。
>
> 这一下，可撞进王导心里去了。

这篇文章是关于东晋名臣郗鉴的人物传记。作者用郗鉴欲与另一位东晋名臣王导联姻的故事作为文章开头，这是因为大众爱看士族门阀联姻的八卦段子，兴趣被勾出来了，就会忍不住想了解后续故事。

5 引入对白，拉近距离

在文章开头引入人物的独白或者对话，也能起到引发读者兴趣的作用。这种对白往往是短促的、有力的、生动的、能反映全文主题的，它会像钩子一样勾住读者的注意力。

有些介绍人物的文章会用主人公的名言或者经典对话开头，通过对白来体现该人物的性格特征。介绍事物的文章同样可以使用引入对白式开头，引用知名人物的相关言论，就能从不同的角度来揭示该事物的特点。

例如，《光，改变世界！》（微信公众号"科学大院"2018 年 5 月 17 日文章）一文的开头：

> 光的出现远在人类出现之前，宇宙大爆炸 0.01 秒后[①]，光子就在寂静的宇宙中出现。如果宇宙中的第一个光子现在仍然以光子的形式存在着，那么它已经 150 亿岁了。
>
> 而当你仰望星空，看到比邻星——离我们最近的太阳系外的恒星，也已经是来自 4.22 年之前的问候。
>
> 惠更斯说："光，是波动。"
>
> 牛顿说："光，是粒子。"
>
> 爱因斯坦说："光，是波动，也是粒子。"
>
> ……………

这篇科普文章讨论的是人类对光的运用，作者在列举了一组关于光的数据后，引用了惠更斯、牛顿、爱因斯坦三位物理学家对光的定义。"光，是波动。""光，是粒子。""光，是波动，也是粒子。"这三句话代表了人们对光的本质的三种不同认识，为进一步介绍科普知识埋下伏笔。

---

①对原句措辞有少许修改，以便语义更清晰。

6 提出问题，引发思考

用提问的方式作为文章的开头，很容易引起读者好奇心。当读者看到写作者提出的问题时，会有一种文章是为"我"而写，在跟"我"对话的感觉。这种感受能让他们的目光很快落在问题上，进一步确认文章到底跟自己有多大的关系。

在开头提出问题的另一个好处是，当读者带着提出的问题去阅读全文时，会更加深入地思考文中的内容，提升阅读效率。

例如，《故作低调真没必要》（浙江宣传网 2024 年 4 月 21 日社评）一文的开头：

> 对一个地方来说，做好新闻宣传工作能生动呈现当地经济社会发展面貌，有效回应本地群众的诉求和外界人士的关切，营造良好的舆论环境和社会氛围。
>
> 然而，当前仍有少数地方和干部对此不以为意，还守着"事情做了就好了，没必要说""人怕出名猪怕壮""宣传工作是宣传部门的事"等观念，以"低调"为由不愿发声，面对媒体态度冷淡，能避则避，能不发声就不发声。笔者认为，一些所谓的低调是刻意为之，并无必要。
>
> 不禁要问，究竟为何故作低调？一味低调真的是好事吗？

这篇文章的开头先指出了有些地方和干部以低调为由不愿发声、不愿跟社会与群众沟通交流的错误做法，然后提出了两个问题——"究竟为何故作低调？"和"一味低调真的是好事吗？"文章接下来都是围绕这两个问题进行论述，可谓纲举目张。

7 直击痛点，引起注意

在开头直击读者的痛点，可以迅速引起他们的注意。读者一看到文章中提到的痛点，就会感同身受，想找到解决问题的办法，这样就产生了阅读的兴趣。

我们在写作之前应该认真思考，文章的主题对应了读者的哪些痛点，文字描述是否一针见血地精准戳中了这些痛点。这一步做得到位，读者就会觉得你是在替他们诉苦、叫屈、发声，为他们着想，也就愿意将你的文章传播出去。

例如，《当一个心理咨询师患上抑郁症，她会如何自救？》（微信公众号"中信出版"2024 年 12 月 17 日文章）的开头：

> 根据《2022 年国民抑郁症蓝皮书》的数据，我国抑郁症患者人数约 9500 万人，这意味着平均每 14 个人中就有 1 人患过抑郁症。
>
> 数据显示，我国每年约有 28 万人死于自杀，其中 40% 左右曾患有抑郁症。可是，尽管抑郁症的危害广为人知，目前我国抑郁症的就诊率仅 9.5%，更令人担忧的是，许多潜在患者可能从未接受过专业诊断或治疗。

这篇文章是为《自我的重建》一书写的推文，文章开头就提到了抑

郁症这个令很多人感到焦虑、恐惧的痛点，很容易引起关心抑郁症话题的读者的关注，为下文引出书作者的身份（心理咨询师）与特殊经历（亲身抗抑郁）埋下了伏笔。

8 对比反差，令人好奇

想要把开头写得幽默、有趣、新奇，可以试试对比反差式开头。这种开头会通过一个简单的反差描写，打破读者对某些人、事、物的固有印象，再顺势引出文章的主题。如此，读者就会好奇这样的反差到底是怎样产生的，进而带着疑问去通读全文，亲自寻找答案。

例如，《外国人在明朝怎么找工作？》（《国家人文历史》杂志社官方网站 2025 年 1 月 13 日文章）的开头：

> 随着大航海时代的开启，越来越多的外国人尤其是西方人将目光投向了东方，几经辗转踏上了明朝的国土。那么这些生活在大明王朝的外国人都做些什么？他们又是如何找到工作的？

我们知道，西方开启大航海时代的时候，中国正处于闭关锁国的状态。按照一般看法，明朝人应该是比较排外的。但是这篇文章一开头就说外国人主动踏上明朝的国土，而且找到了工作。这个带有反差的话题既新颖，又贴近大众生活，一下子就引起了读者的兴趣。

以上就是最常用的几种开头的写法。其实，好文章的开头是不拘一格的，也往往不会局限于使用单一的方法。

写一个让人意犹未尽的结尾

优秀的写作者从来不会忽视对结尾的打磨。虎头蛇尾的作品形同半成品，善始善终的作品才能带给读者良好的阅读体验。好的结尾能与开头相呼应，能提升全文的思想境界，能感染读者的情绪，能让人意犹未尽。怎样才能为文章写出一个漂亮的结尾呢？下面几个方法能帮助你做到这一点。

1 总结全文，升华主题

在文章的结尾处总结全文的内容，是一种十分常见的结尾方法，几乎每一个写作者都使用过。一般是重申文章的核心观点，升华中心思想，使文章的主题更加深刻。

例如，《秦代基层小吏书箱里的"书籍史"》(《光明日报》2023 年 7月 8 日文章）一文的结尾：

> 　　综上所述，透过秦代基层官吏的书箱，不仅使今人看到了秦代图书文献分类、聚合的实物证据，也提示着《汉志》及由其上溯的《别录》《七略》等文献分类方法并非空中楼阁，而是有着深刻的社会现实渊源。

　　结尾的"综上所述"，是总结式结尾的惯用语之一（另一个惯用语是"总之"）。这四个字的出现，意味着接下来写作者将对全文的内容进行总结。

　　"透过秦代基层官吏的书箱"这句话，对应了文章标题，且很好地呼应了全文。"不仅使今人看到了……的实物证据，也提示着……文献分类方法并非空中楼阁，而是有着深刻的社会现实渊源"这句话，概括了整篇文章的核心观点。它不仅总结了秦代书籍史的情况，还揭示了其对后世的影响，让读者对文章所述知识的理解更为深入了。

2 引用金句，画龙点睛

　　在结尾加上一两个金句，是总结式结尾的升级版。金句本身具有震撼人心的力量，让人本能地想传播出去。如果你能在文章的结尾引用一两个金句或者原创金句，肯定能给读者留下深刻印象，他们就愿意主动评论、转发、分享你的文章，你文章结尾的金句就有可能成为互联网脍炙人口的热门文案。而其他人看到这个金句之后，可能会搜索出处，找到你这篇文章，文章的流量自然也就起来了。

例如,《心理咨询带来的十个改变》(微信公众号"北工大心理中心"2023 年 11 月 22 日文章)一文的结尾:

> 对于很多人而言,**开启一段心理咨询,既要有勇气,又要有决心**,这两样都是必不可少的。而通过心理咨询,发现我们是如何思考、如何感觉、如何看待自己、如何看待这个世界,也许这样才能够帮助我们成为**更加真实的自己**。

加粗的"开启一段心理咨询,既要有勇气,又要有决心""更加真实的自己",就是这篇文章的核心观点,也称得上一个言简意赅、朗朗上口的金句。它揭示了人们很难实现真正的改变的根本原因,呼吁读者通过心理咨询"成为更加真实的自己",可以说是全文的点睛之笔。

3　名人名言,强调观点

引用名人名言来强调文章的核心观点,也是一个很好用的结尾方法。人们多多少少有些崇拜权威的心理。同样的道理,从普通人嘴里说出来可能不会引起重视,从名人、伟人的口中讲出来,则会被大众当成智慧箴言或者座右铭。如果你能在结尾处引用名人名言强调自己的观点,就能明显增强文章的说服力。

需要注意的是,你引用的名人名言必须符合文章的主题,能够佐证你的核心观点。若是生搬硬套,反而会削弱文章的说服力。所以,写作新手平时可以尽可能多地积累名人名言,或者用关键词搜索合适的句子

用在文章结尾。

例如，《红军长征的经济来源》（微信公众号"温伯陵"2021 年 6 月 10 日文章）一文的结尾：

到达陕北之后，毛泽东取出早已写好的一首七律诗，反复修改敲定，最终形成现在的《七律·长征》：

红军不怕远征难，万水千山只等闲。

五岭逶迤腾细浪，乌蒙磅礴走泥丸。

金沙水拍云崖暖，大渡桥横铁索寒。

更喜岷山千里雪，三军过后尽开颜。

而红军一路上的经济政策、纪律严明和军民鱼水，更是被毛泽东总结成一句著名论断：

长征是宣言书，长征是宣传队，长征是播种机。

这篇文章的结尾引用了两种不同形式的名人名言：一个是毛主席的诗《七律·长征》，一个是他对长征的点评——"长征是宣言书，长征是宣传队，长征是播种机。"前者能很好地概括长征过程中发生的一些重大事件，后者一直被历史学家视为对长征历史意义的最佳诠释，用作红军长征主题文章的结尾，可谓恰如其分。

4 设置反问，引发思考

这种方法是在文章结尾处设置一个反问句，用以强调文章的主题与核心观点。由于反问句比陈述句的语气更为强烈，所以更容易带动读者的情绪，引发对文章核心观点的共鸣。

　　例如，李本深的散文《丰碑》的结尾：

> 　　风更狂了，雪更大了。大雪很快覆盖了军需处长的身体，他变成了一座晶莹的丰碑。将军什么话也没有说，大步地走进了漫天的风雪之中。他听见无数沉重而又坚定的脚步声，那声音似乎在告诉人们：如果胜利不属于这样的队伍，还会属于谁呢？

　　文章最后一句话"他听见无数沉重而又坚定的脚步声，那声音似乎在告诉人们：如果胜利不属于这样的队伍，还会属于谁呢？"以反问的方式表达了红军战士们对军需处长的敬意，以及对烈士精神的继承发扬，呼应了主题"丰碑"。

5 自问自答，呼应主旨

　　自问自答式结尾，就是写作者在文章结尾处提出一个问题，再自己给出答案。自问自答式结尾的问题就是整篇文章希望广大读者认真思考的问题，而回答就是文章的核心观点。

　　运用这种结尾方式的要点是，提出的问题要发人深省且能很好地揭示主题，给出的答案要有一定的深度，绝不能是一个站不住脚的、敷衍了事的答案，否则就无法起到呼应文章主题的作用。

　　自问自答式结尾能营造出一种与读者对话的感觉，让人在思考问题和观看答案的过程中加深对文章主题的理解，情绪也容易被调动起来。

例如，《军事上的鬼才，文学上的天才》（微信公众号"最爱历史"2023年10月3日文章）一文的结尾：

> 可怜辛弃疾，至死他的故乡山东，仍在金人统治下，仍是沦陷区。收复中原，魂牵梦萦，无期更无望。
>
> 他越是不曾认命，生命的悲剧色彩就越浓烈。
>
> 凡人无力，我们能报以同情①；但英雄无力，我们又当如何呢？
>
> 一个最需要英雄的时代，偏偏也是扼杀英雄最厉害的时代。
>
> 怅望千秋一洒泪，萧条异代不同时。唯有深深一叹，为所有灵魂焦灼的人！

作者在结尾处提问："凡人无力，我们能报以同情；但英雄无力，我们又当如何呢？"这个问题很沉重，表达了对南宋词人、抗金名将辛弃疾的悲剧人生的无限感慨。

"怅望千秋一洒泪，萧条异代不同时。"这句出自诗圣杜甫的《咏怀古迹五首·其二》。作者引用杜甫的诗句，表现了自己对辛弃疾身世凄凉、惆怅失志的同理心。

"唯有深深一叹，为所有灵魂焦灼的人！"是对问题的回答，看似无奈，却又在与"所有灵魂焦灼的人"产生共鸣，文章的情绪感染力至

---

①对原话的措辞有少许修改，以便语义更清晰。

此达到了巅峰。

6　呼吁行动，促成改变

呼吁人们做出某种行动，从而改变生活或者提升自我，也是一种比较好用的结尾方式。这种结尾旨在引导读者去行动，更适合用在情感、心理、科普、方法等指导类文章中。

例如，《优秀无法吸引一个人，"创伤"才会》（微信公众号"简单心理"2023 年 10 月 9 日文章）一文的结尾：

> 如果双方不能为自己的脆弱负责并成长，不能接受并理解对方的脆弱。
>
> 那么让我们相爱的创伤，也会让我们分开。
>
> 但这或许也是亲密关系的意义，它并非两个完全健康的人建立的，没有恐惧和忧虑的联系，而是两个都多少有点创伤，有点毛病的普通人，一起探索如何在感觉受伤的时刻还能靠近彼此。
>
> 这个过程，往往也是得到治愈的开始。

作者在文章的结尾指出，亲密关系并非两个完全健康的人建立起来的毫无忧惧的人际关系，而是"两个都多少有点创伤，有点毛病的普通人，一起探索如何在感觉受伤的时刻还能靠近彼此"。

最后这句"这个过程，往往也是得到治愈的开始"，可激励害怕受伤的读者勇敢地去建立亲密关系。

如何修改打磨你的初稿

写作有一个基本原则：先做完，再做好。只有完成了初稿，你才能更好地雕琢它。

因此，在创作初稿阶段，你应该抱着"我敢写，我想写，我配写"的心态大胆动笔，暂时停止自我批评，先写完了再说。到了修改成稿的阶段，再把心中的"批评家"放出来，用审视的眼光反复打磨自己的文章。

1 通读全文，查找需要修改的问题

在通读全文的时候，要仔细检查以下内容：

· 标题——查看标题是否吸引人，能不能反映文章的主题思想，是否符合爆款标题的取名方法。

· 开头——检查文章的开头能不能在3秒钟之内吸引读者，开头铺垫的内容是否太长太啰唆，场景描写能不能让读者有代入感。

· 结构——检查文章的层次是否清晰，每个部分有没有采用合适的小标题，各部分的顺序是否存在前后颠倒的问题。

·内容——看看文章的内容是否紧扣主题，使用的案例素材是否恰当，对核心观点的论证是否精彩，有没有出现逻辑混乱等问题。

·金句——看文中有没有引用名言警句或者有没有原创金句，这两类金句的字体有没有加粗、变色以突出显示。

·配图——如果有配图的话，是否做到了图文相符，所选图片是不是不会产生侵权问题的免费正版图片。

·排版——看文章的版式是否美观，行间距、段间距是否合理，图片与文字的排版是否合理，有没有错别字，有没有将关键句子加粗或变色，有没有注明作者（有时候要加上作者简介），有没有标注文章原创。

·结尾——看文章的结尾是否精辟有力，能不能升华主题，能不能引导读者转发、评论、点赞。

通读全文时，以上述项目为依据，找出不足之处，然后进行修改。一般来说，结构、开头、结尾、小标题的修改是重中之重。

2　修改不符合文章主题的内容

发文平台或者出版机构的编辑审稿时，通常会先快速阅读文章，弄清文章的主题与核心观点，判断这篇文章是否值得采用。如果文章的主题不清晰，核心观点很模糊或者站不住脚，选取的素材也凌乱且不符合主题，就需要好好修改甚至重写。

古人云："文以载道。"你的文章承载的就是你的思想（道）。如果文章的核心利益、思想、价值观有问题，那么整篇文章写得再用心也不会被采用。

所以，写作者在写文、发文之前，应该认真了解发文平台或者出版机构的审查标准，了解哪些内容是违反法律法规、公序良俗，超出了大众的接受底线。这些禁区不容挑战，写作者也没必要去触霉头。

此外，你要确保每一部分用到的素材或者案例都能支撑小标题表达的观点，也能呼应文章的主题与核心观点。一个论点可以使用一个或多个素材，还可以用正面、反面的素材进行对比。太陈旧的素材、脱离实际的素材、违背生活常识的素材、扣题不紧的素材、内容过长的素材，都应该断然舍弃，用更合适的素材取而代之。

宁可文章字数少一点儿，案例少一点儿，也要舍弃不符合文章主题的内容。这样，文章才能越改越精细，质量才能过硬。

3 打磨段落、词句等细节

前两步的修改是从整体上优化文章，在此基础上，写作者还要逐个打磨段落、词句，进一步优化文章的细节。前面是通读，这一回，则要逐字逐句地精读文章，每读完一段就修改一段。

首先，看看文章的段落安排合不合理。当代读者经常在手机等电子产品上阅读文章，由于手机屏幕较小，太长的段落读起来会令人不适。碎片化的段落布局，即一段话不超过50个字，更适合手机阅读。即使是在电脑屏幕上阅读文章，由于读者已经养成了碎片化阅读的习惯，写作者也应当顺应这种变化。具体来说，就是多分段，每个自然段不宜太长，尽量将长的段落拆分成几个小段落。

解决了段落问题后，就要逐字逐句地打磨语言了。

不要放过任何一个错别字，同时注意检查多字、漏字现象。太长的句子读起来费劲，尽量把它拆分成短句。重复啰唆或者逻辑矛盾的词句要毫不留情地删除。有歧义的句子要改明确。生硬拗口的句子要改通顺流畅。避免滥用专业术语，若非用不可，应该加以说明。生涩难懂的句子要改得明白易懂，接地气。修正用词不当的地方。如果语句太平淡，就试试引用名人金句或者自创金句。如果措辞太严肃，就增加一些幽默风趣的俗语、谚语、歇后语、犀利酷评。

总之，修改是个细活，要仔细、仔细，再仔细，精益求精。

4　强化文章的情绪感染力

好文章之所以能打动人心，就是因为能传递情绪的力量。语言风格若是过于理性冰冷，缺乏感情起伏，会让你的文章错失一大批读者。

这一步需要转换立场，从写作者立场切换到读者立场。写作者是用文字表达自己的思想感情，容易自我感觉良好。但孤芳自赏从来都是写作变现的大忌。你自我感动，读者却未必会被你的文字打动。

修改文章时要把自己当成读者，尝试从读者的角度审视全文，感受一下文字是否具有感染力。例如，你在文章中传达的是悲伤的情绪，阅读时就看看能不能触发悲伤，能不能自动代入具体的场景。如果你读过之后依然情绪稳定，就说明文字要改得再煽情一点儿。如果你的读后感

变成了另一种情绪（比如愤怒），就说明你在文字中倾注的情绪出现了偏差，需要改成倾诉悲伤的内容。

5 修改读起来不顺口的细节

写文章通常以书面语为主，与口头表达有很大的区别，但自古以来，好文章的一大特征就是朗朗上口，看着舒服，听着悦耳。

著名作家老舍先生曾经说过："我写作中有一个窍门，一个东西写完了，一定要再念再念再念，念给别人听，看念得顺不顺？准确不？别扭不？逻辑性强不？一个好句子，应该是读出来，嘴舒服，耳舒服，心舒服。"

由此可见，修改文章时边读边改是一个写作好习惯。你可以先自己从头到尾读一遍文章，把前四个步骤遗漏的毛病找出来修改掉。你也可以把文章读给别人听，根据对方的反馈意见来修改它。

总之，写作者想要写出精彩的作品，就应该像工匠雕琢玉器一样反复打磨稿件。坚持这样做，你的写作能力就会有所突破。

第 5 章

让 AI 成为
你的得力写作
助手

 ## AI 写作工具特性与选择指南

在数字时代，AI 写作工具如雨后春笋般涌现出来，为文字创作者提供了前所未有的写作辅助。不过，在使用 AI 写作工具时，我们应当对 AI 写作做到知己知彼。

1　AI 写作工具的优势与劣势

（1）AI 写作工具的优势，主要有以下几个。

①生产文章速度超快。AI 写作工具有人工智能运算能力和搜索能力的先天优势。搜集素材比人快很多，构思内容和撰写正文几乎可以同步进行。

②可以快速生成各种领域的各种文体。只要用正确的办法训练和操作，给出准确的提示词，AI 写作工具就能写出各个领域的文章：小说、剧本、诗歌、散文、工作报告、调查报告、学术论文、商业文案、品牌广告故事等。

③能自主学习并产生很多灵感。当你向 AI 提交一些跟选题相关的关键提示词后，AI 会自动生成各种各样的灵感和创意。

（2）AI 写作工具的劣势，主要有以下几个。

①引用信息来源模糊。AI 写作的原理是大量使用网络上的公开文本数据进行训练，然后再根据提示词来生成相关内容。AI 会瞬间检索众多新闻报道、新媒体文章、电子书、百科词条等不同来源的内容，对其进行重新概括和组合，完成写作文本。目前 AI 输出的是生成式内容，不会一条条地追溯具体的原始数据来源。这对一些要求标明内容出处的文章（比如学术论文）来说并不适用。

②可能"一本正经地胡说八道"。AI 能自主学习，但只是运算能力强大，而非思考水平高深。AI 很可能因为原始数据来源太杂且谬误较多，生成错误的内容。出现"AI 幻觉"，即 AI 会生成看似合理但实际确实错误的信息，最常见的表现就是会编造一些不存在的事实或者细节。如果我们不加分辨地采用 AI 写的内容，很可能会出现令人笑掉大牙的漏洞。

③可能存在隐私信息泄露的风险。目前的 AI 很可能在整合网络信息时，不慎造成机密资料、个人隐私等数据泄露。这个问题随着 AI 技术的不断完善，应该会被解决。

2　AI 写作工具的选择指南

在选择 AI 写作工具时，我们可以从以下方面考虑。

（1）明确写作需求。根据自己的写作需求，选择具备相应功能的工具。例如，你需要快速生成大量内容，可以选择那些以高效便捷为特点的工具；如果你需要深度定制化的创作，可以选择那些提供智能化辅助

和多场景适应的工具。

（2）了解 AI 写作工具特点。你可以通过阅读产品介绍、用户评价等方式，了解各类 AI 写作工具的功能、性能、易用性等，选择那些技术成熟、功能稳定且用户评价较高的工具。

（3）进行试用体验。大多数 AI 写作工具都提供免费试用或体验版。通过试用，你可以亲身体验 AI 写作工具的操作流程、界面设计以及生成内容的质量等，从而更直观地评估工具的适用性。

（4）考虑性价比。在选择 AI 写作工具时，你可以根据自己的预算和需求，选择性价比最高的工具。要注意避免选择那些价格过高但功能并不符合自己需求的工具。

（5）关注更新与维护。AI 写作技术日新月异，选择那些经常更新、维护良好的工具，可以确保你始终能够享受到最新的技术和服务。同时，也要关注工具的开发者或提供商是否具备良好的技术支持和售后服务能力。

3 人类作者与 AI 写作工具的相处之道

AI 写作的发展方兴未艾，那么，人类作者未来该何去何从呢？当下，各位写作者应该树立信心。AI 有人类所不具备的长处，人类也有 AI 替代不了的优势。

（1）人类作者的优势。人类的第一个优势是情感细腻，而写作恰恰是表达情感的重要途径。AI 虽然能写出看上去很文艺的诗歌，在格律和平仄上比诗人还讲究，但它本身不具备人类的感官与情感，只能从大量样本中提取一些与之相关的内容进行模仿。

人类的第二个优势是对生命体验永远比训练 AI 用的现成文本更加丰富。AI 产出的内容是由训练模型生成的，你"投喂"什么样的信息训练 AI，AI 就会写出什么样的内容。但跟你独一无二的生命体验相比，只是九牛一毛。AI 没有亲身经历，写不出那么多对生命的感悟，只能模仿人类发出感慨。

人类的第三个优势是思考与创造力。AI 更多是基于现有的信息学习人类思想，而人类能不断创造出全新的知识和思想，对社会、生命、宇宙的思考深度也是 AI 不能相比的。

（2）优势互补，如虎添翼。尽管 AI 写作工具能够生成高质量的内容，但人工编辑仍然是必不可少的。用 AI 生成内容后，务必进行仔细阅读和修改，以确保内容的准确性和可读性。写作者可以把 AI 视为自己的左膀右臂或是超级助理，利用 AI 的优良性能，把自己从一些简单而辛苦的写作准备工作中解放出来，着重提升自己的思想、学识、创新能力。

未来的写作者更像是一个指挥官，提出问题并下达明确的指示，引导 AI 去快速搜集资料，找到解决问题的方案，在短时间内形成基础良好的初稿。然后，写作者再去修改、润色"AI 味"太重的初稿，使之变得更有"人味"，更有个人特色。这种人机交互的智能化写作方式未来将会大行其道。

掌握 AI 写作全流程

如今，文字工作者正积极地利用 AI 工具帮助自己创作。尽管 AI 写作工具多种多样，但 AI 写作的基本流程大同小异。

1 AI 写作的基本流程

AI 写作的基本流程比人类的写作流程更加简单，可以分为四个步骤。

（1）确定写作目标。这一步完全依赖人类作者。策划选题、选择文体和文风、选择发文平台，弄清楚这些，写作目标就明确了。

（2）撰写 AI 提示词。这一步也是需要人类作者费脑子的事情。因为 AI 是根据提示词来生成文章的。提示词就是你给 AI 下达的指令。不同的人使用同一款 AI 写作工具，写出来的文章质量参差不齐，问题就出在提示词的精准度上。

（3）让 AI 写作初稿。在 AI 写作工具中输入提示词，AI 就能自动生成文章段落，甚至一篇文章。不过，AI 写出来的东西不会一次性就达到我们的要求。用 AI 写作是一个人机交互共创的过程，写作者要根据写作需要多次提问，不断调整和补充提示词，AI 才能更好地把握你想表达的意思，最终生成更成熟的初稿。

（4）修改润色初稿。AI 生成的文章一般是不适合直接使用的。写作者要仔细检查、修改、润色初稿，把"AI 味"太重的拗口句子改得像人类语言一些，再增加一些带有感情色彩的内容。改好后，文章就可以定稿了。

以上就是用 AI 写作的基本流程，仔细观察这个写作流程，你会发现最为关键的步骤是第二步，即撰写提示词。下面我们将着重讲讲跟写作提示词有关的知识。

2　有效撰写 AI 写作提示词

AI 提示词主要有四个作用。

（1）让 AI 理解人的意图。我们需要 AI 写什么，写这个东西的目的是什么，写作要求是什么，AI 都是通过提示词来理解的。只要能让 AI 明白你想要写什么，AI 就会以相应的方式为你服务。不过，人给人下达的指令不够清晰时，都会被执行得乱七八糟，何况是指挥 AI 写作？

所以，随着 AI 的发展，诞生了提示工程师（Prompt Engineering）这种新兴职业。提示工程师通过向 AI 精准下达指令，训练其写作能力。他们的工作就是让 AI 生成与使用者的预期相符的内容。

（2）限定 AI 生成内容的范围和写作风格。AI 最怕模糊的指示。它不怕运算量大，但它不像人那样懂得揣摩你的言外之意。定义范围不清的指示，意味着 AI 要搜索和整理更多的数据，得出一个近乎"一本正

经地胡说八道"的结果。

提示词可以限定 AI 生成内容的范围，把内容聚焦在特定的主题或写作方向上。AI 可以按照提示词的要求撰写不同类型与风格的文章。因此，写作者可以通过调整提示词来把控文章的风格和表现形式，让 AI 撰写的内容更契合自己的要求。

（3）激活 AI 的"思路"。AI 写作是根据人给的提示词来构思的。你给 AI 什么角度的提示词，它就会从什么角度来生成内容。善于使用提示词的人，能够用多样化的提示词来训练 AI，使其写作思路更加灵活多变，更富有创造性，生成更加生动有趣的内容。

（4）不断优化和完善内容。在与 AI 交互写作的过程中，写作者给的提示词往往无法一步到位，AI 第一次生成的内容通常会有不符合要求的地方。这就需要写作者与 AI 多进行"对话"，根据前一次生成内容存在的问题，有针对性地调整提示词，有效提升 AI 写作的文字质量与表达的准确性。

3 撰写 AI 提示词的注意事项

在撰写 AI 提示词的时候，要注意以下四点。

（1）提示词越精确越好。如果 AI 生成的内容不符合你的预期，大概率是因为你给 AI 的指示词不够清晰，存在歧义，找不到合适的参考数据和案例。因此，你撰写的提示词必须足够明确、足够准确，杜绝一切模棱两可的表达，不要遗漏重要信息。在撰写提示词时，不能使用笼统的表达方式，必须使用具体的词汇和短语。这样才能确保 AI 能准确理解你的写作意图。

（2）提示词要足够详细。不详细的提示词，缺少了背景信息与相关细节，写作方向会很模糊，让 AI 不知所措，只能拼凑出一个莫名其妙的答案。详细的提示词要具体描述事件、人物、场景等相关细节，还可以加入一些表达情感和情绪的词汇，让 AI 在生成内容时有更多的创作依据。

好的提示词一般有如下特点：一是指明文章的主题、内容范围、结构及语言风格；二是给出具体的要求和指导；三是明确要求语言简洁生动，内容有逻辑。这样，AI 更容易理解写作者的指令，生成符合写作要求的文章。

（3）提示词要覆盖多个角度。AI 写作工具是懂得举一反三的，提示词可以引导 AI 从多个角度生成内容。在撰写提示词时，可以尝试覆盖多个相关的主题、观点或要素，从而获得更加有趣和独特的内容。

例如，在写一个大主题的文章时，可以设定多个与之相关的子主题。在撰写提示词的时候把大主题和子主题都包含进去，这样，AI 就能从多个角度生成内容。

（4）提示词要及时迭代。人类作者与 AI 交互创作是一个不断迭代的过程。通过人机交互，反复"沟通"，AI 会不断地根据新的提示词调整生成的内容，最终打磨出更符合写作者要求的内容。

用 AI 写作工具辅助职场写作

就目前而言，AI 写作工具最能发挥作用的应用场景还不是文学创作和流量文章，而是职场写作。AI 在这个领域的应用门槛低，实用性也较强，是广大职场人撰写材料的好助手。

下面着重讲三个能运用 AI 大大提升效率的职场写作应用场景。

1 写工作简历

求职者用 AI 写工作简历的时候，要代入 HR 的视角，以便其能够迅速了解求职者的基本信息（包括教育背景、工作经历、技能等）。你提供的信息不能松散杂乱，要形成几个一目了然的模块，突出关键词。

用 AI 写简历要包括四个基本模块：

> ·基本信息——包含姓名、性别、照片、电话、邮箱、联系地址等，通常是放在简历最上方。
>
> ·教育背景——列举自己的毕业学校和所学专业，从最高学历往下写，突出自己的专业知识水平。

· 工作经历——列举自己从事过的工作、担任过的职务，从最近的工作经历写起，交代相关工作职责。没有工作经历的应届生可以写实习经历。这部分体现的是你的工作能力，对求职至关重要。

· 技能和荣誉——罗列一些你具备的跟求职岗位相关的技能，取得的荣誉证书、奖状，证明你很优秀。

明确这些信息后，给 AI 写下撰写简历的相关提示词，比如：

我是一位求职者，想要找一份 ××× 工作，有 × 年的 ××× 工作经验，完成过 × 个项目，请生成一份符合招聘要求的简历。

AI 会结合你提供的信息生成一份简单的简历，你再将教育背景和工作经历等发给 AI，让它来补充简历的内容。不断提供新的提示词，让 AI 不断优化简历，直到你满意为止。

2　写工作邮件

写邮件和回复邮件是职场人士经常要做的事情。工作邮件写得好，职场沟通就顺畅，别人也会觉得你很靠谱、很专业，值得信赖，值得合作，你的升职加薪机会就更多。

AI 不仅能帮助职场人士快速生成准确、专业的工作邮件文本，还能自动检查文字有无语法错误，提出修改建议。这样一来，你就能用更短的时间高效完成内容规范、语气得体的工作邮件了。当设置好邮件模板

之后，以后发出的每一封邮件都会自动套用模板，你只需要添加具体的内容即可。

使用 AI 快速撰写邮件的步骤如下。

（1）明确邮件的目的和沟通对象。你要通过提示词的形式，告诉 AI 这些信息：发件人的角色和职务，写这封邮件的目的，收件人的角色和职务，需要收件人做什么。这样 AI 就能按照你的要求高效生成相应的内容。

（2）撰写精准的提示词。你可以通过撰写精准的提示词，让 AI 辅助你撰写邮件。例如，你可以输入这样的提示词：写一封邮件给市场营销团队，概述本周的项目策划会议安排，并通知大家提前做好会议准备。

简短的工作邮件，可以用 AI 一次性生成全部内容。如果邮件内容比较长，可以采用逐步提问的方式，先让 AI 生成一段文字，调整之后再提问生成下一段文字，逐步完成整封邮件。

（3）调整邮件的语气和措辞。AI 写作的一大优点是能保持一致的语气。只要你设定好了礼貌且正式的表达方式，AI 就能写出对应口吻和措辞的邮件。别忘了用 AI 写作工具来检查语法错误、拼写错误，避免邮件内容出现低级失误。这样你的邮件看起来会更专业、更符合礼仪规范。

3　写工作总结

工作总结是重要的职场写作内容，然而，很多职场人士一提到写工作总结就叫苦不迭。他们不知道该怎么写总结，直拖到最后期限时才草草写一份敷衍了事。长此以往，升职加薪就会受到不利影响。

这种情况就可以使用 AI 写作工具，用最少的精力高效完成一份优秀的工作总结。以下是使用 AI 辅助写工作总结的基本步骤。

（1）确定总结的目标。明确要写的工作总结是对某个项目的总结，还是对个人工作表现的总结，这样才能给 AI 设定正确的写作框架。

（2）整理信息。整理所有跟工作总结相关的信息，比如项目中的重要的决策、工作成果、客户的反馈等。

（3）使用 AI 工具完成初稿。把整理好的信息输入 AI 工具，设定好格式与文风要求。可以把整篇工作总结分成几个部分，并为每个部分撰写详细的提示词。例如：

> ·引言：写一段简短的引言，概述你在过去某个周期的工作状况。
>
> ·主要成就：描述你在本职工作方面的主要成就。
>
> ·学习和成长：谈论你在处理工作的过程中遇到了哪些问题，学到了哪些新知识和新技能，取得了哪些进步。
>
> ·未来规划：概述你在未来某个周期的工作计划和期待。

接下来，让 AI 按照这些提示来生成初稿。

（4）完善稿件。仔细阅读初次生成的稿件，进行必要的修改，确保内容的准确性、完整性和连贯性。修改完初稿后，可以再次使用 AI 工具，对文本进行最后的润色。一篇工作总结至此就完成了。

AI 写作工具作为人工智能技术的重要应用方向，正在重塑内容创作领域的效率边界。这类工具基于自然语言处理技术和深度学习算法，能够在多个维度为创作者提供智能化辅助。帮助人类作者激发更深层次的创意，推动人机协作更加流畅自然。

第 6 章

写作变现的
底层逻辑

读者思维：你的文字为谁服务

刘慈欣的科幻小说《三体》里的"三体人"，能直接用脑电波进行交流，要多方便有多方便。可惜地球人还不能完全做到这一点。我们脑子里想到的东西，只能通过说话和文字表达出来。由于多了这一道程序，写作者与读者对文章内容的理解往往会产生偏差。

你在写文章的时候，很清楚自己心里想说什么。但是，你的思考过程只有其中一部分能转化为文字，无法做到百分百地输出。而读者对你的文字也做不到百分百地理解。

也就是说，你以为读者明白的东西，读者可能并不明白。你在文章中侃侃而谈，自鸣得意，搞不好读者根本提不起兴趣。

1 写作不能只是单向沟通

写作是作者单方面向读者输出内容的过程。作者是主动传播信息的一方，读者是被动接收信息的一方。如果他们不喜欢的话，完全有权利不读你的作品。

单向沟通是写作的固有局限，很容易让写作者陷入闭门造车、一厢情愿的误区。破局的办法自然是有的，即写作者本身要具备双向沟通的意识。

双向沟通最常见的形式就是聊天，有来有往，有问有答。沟通双方不断交换意见，并调整谈话的方向与内容。写作无法按照这种方式来完成。但是，我们在动笔写作之前的准备工作，也就是搜集资料阶段，可以多与读者交流，深入了解他们的态度、看法、喜好、需求、期望、痛点等。

从根本上说，读者想从作品中看到的东西可以归纳为以下三类。

（1）与"我"有关。你的作品应该直接指明年龄、性别、身份等信息，让目标读者一看就能自动对号入座。现代社会，人们的时间都宝贵，很少关注与自己无关的内容。

（2）对"我"有益。能帮助读者拓宽视野、增长知识、提升能力、改善生活的内容，也是他们日常聊天会涉及的内容。在文章中写这些东西，就能与读者进行双向沟通。

（3）抒"我"胸臆。谁不喜欢解语花、忘忧草呢？好文章用或真挚或犀利或精准的语言，帮助读者抒发胸臆，写作者自然会被读者当成贴心的"自己人"。

想要写出符合读者口味的文章，就得学会从作者思维切换到读者思维。

2　从作者思维切换到读者思维

很多人写作是为了表达自我，抒发自己的思想和感情，容易产生

以自我为中心的创作态度。这就是典型的作者思维。但若要实现写作变现，写作者就要同时具备读者思维。否则就会得罪读者，自绝于市场。

作者思维和读者思维存在矛盾，却又是辩证统一的关系。读者思维能让你融入市场，作者思维能让你保持自己的特色，两者结合才是"王道"。写作者都具备作者思维，但普遍缺乏读者思维。故而我们在此着重强调读者思维，写作者一定要学会站在读者的角度写作。

想要做到这点，就要克服过剩的自我意识，完成三个思想转变。

（1）用倾听逻辑来构建写作框架。人人都有表达欲，并希望有人愿意当自己的听众。当一个人愿意倾听你的心声时，你会感到很欣慰。将心比心，读者也是如此。他们之所以愿意看你写的东西，就是想看看你有没有写出他们想听的话。

尽管你和读者不能对话，但他们能分辨出你的文章是在自说自话，还是在给他们做"嘴替"。所以，在写作时不能一味地表达自己的想法，还要考虑读者希望我们表达什么看法。这就是用倾听逻辑来构建写作框架。请牢记，倾听是表达的前提，只有按照倾听逻辑去写作才能深入读者内心。

（2）从追求回报转为创造价值。我们的最终目标是写作变现，既然如此，就不可能不考虑回报的问题。但只考虑回报容易变得急功近利，不重视踏踏实实打磨内容，而去耍花招赚快钱。这种投机取巧的做法即便一时得了利，也迟早会被市场无情地淘汰。

优秀的写作者应该是长期主义者，重视内容的质量，能以为读者创造价值的心态去写作。每一篇文章都有其服务对象，作品能不能受到市场欢迎，得到好的回报，取决于它对服务对象的价值够不够大。

"将欲取之，必姑与之。"你在动笔之前，应该先想一想，你的目标读者想要得到什么价值，你写的东西能不能创造这种价值。你能给读者带来越多他们想要的东西，市场就会给你越多的回报。

（3）从以表达自我为中心转为以服务读者为中心。写作者的一个常见误区：写不写是我的事，看不看是读者的事，他们爱看不看。你要是抱着这种态度写作，写出来的文章肯定会带着居高临下的说教意味，令读者感到生理不适，自然就会受到他们的抵触。如此一来，再有意思的选题，再丰富的素材，到了你手中也是浪费。

所以，写作者要竭尽所能地提升读者的阅读体验。以下是一些实用的技巧：

- 拟出直白易懂且有吸引力的标题。
- 选用精美且符合主题的封面图和文章配图。
- 采用便于快速阅读、让人感到舒适的排版设计。
- 挑选更精彩的案例、故事。
- 及时地在评论区与读者互动。

当你完成了以上三个思想转变之后，就能慢慢建立读者思维。下次动笔之前，你就会自觉地想到自己的作品是写给哪些人看的，能比较准确地判断要写什么、怎样写才能更好地满足读者的胃口。

在当前信息爆炸的时代，千万人在写作，产出了海量的文字内容，读者有很多选择。写作者越是所图甚大，就越不能孤芳自赏，更不能以读者的人生导师自居，写出说教味十足的内容。说到底，只有读者开心了，才愿意为写作者点赞、付钱。这就是写作变现市场最核心的底层逻辑。

写作变现模式盘点

现在你已经具备了一定的写作基础，也了解了什么是读者思维，接下来就可以进入写作变现市场寻找自己的发展机遇了。写作变现的模式多种多样，我们从中筛选了一些普通人能在较短时间内掌握且能得到收益的常见模式，进行简单的介绍。

1 写流量文章

在新媒体平台上注册账号并发表文章，产生一定流量后就能获得收益。这是基本的写作变现模式之一，门槛很低，没有专业或者学历的限制。只要你能写"豆腐块"文章，就可以去尝试。微信公众号、今日头条、百家号等新媒体平台主要发的就是此类文章。

比如，"地球知识局"在 2025 年 1 月 10 日发布的文章《中国，正在全面修复北方海岸线》，仅是微信公众号上的阅读量就达到了 10 万以上，在今日头条上也有 6.8 万的阅读量（数据截至 2025 年 1 月 20 日）。

2　写免费网文

在番茄、七猫等网络文学平台注册账号，发表自己创作的小说。当小说达到平台规定的标准时就能进入签约流程，写作者的收益是根据阅读量来计算的，这取决于作品是否能得到读者的青睐。

3　写付费网文

在起点、晋江、咪咕等网络文学平台注册账号并发表原创小说作品。写作者的收益主要来自读者订阅和读者打赏。许多网络文学作家，就是通过付费网文的模式从市场中脱颖而出，实现财富自由的。这也是无数写作新手想尝试的变现模式。

4　向新媒体平台投稿

向各类微信公众号、传统媒体或杂志社的公众号、今日头条、百家号等新媒体平台上的个人账号或者企业账号投稿。通过这种方式来赚取稿费的写作新手比比皆是。具体的稿酬标准参考各平台的规定。至于你能不能过稿，取决于平台的审稿编辑的审核标准。

比如，《国家人文历史》《人物》等杂志的公众号，每天都会刊登投稿，篇篇都有几万到十万以上不等的阅读量。

5　写短篇故事

写短篇故事也是一个不错的写作变现路径。知乎、网易、今日头条、简书以及各个网络文学平台都设有短篇故事的栏目，发布各种不同类型的短篇故事。这些故事往往题材涉猎广泛，文笔生动诙谐，情节精彩刺激，标题醒目且很有吸引力，故而广受欢迎。写作者如果没空或者没精力写长篇网文，可以试试写短篇故事。

6　图文带货模式

以图文带货模式发布内容，与前面提到的写作新媒体平台文章大致相同。不同之处在于，带货文章后面多了一个挂载商品购买链接的板块。这种模式其实就是通过文章来为商品引流，把阅读量转化为商品的销量，把读者转化为购物者。文章的流量越大，带货广告的营销效果越好，写作者的收益也随之增长。

例如，小红书的"种草笔记"已经成了图文带货模式的典范。品牌方在输出内容的同时，还会寻找一些跟自家产品匹配的优质博主进行内容共建。目前主要有以下五种方式。

· 新芽合作：享受新客专享的内容 + 推广，一站式投放可批量化获取高性价比笔记。

· 定制合作：品牌指定博主定制内容创意，按一口价结算。

· 招募合作：支持品牌零充值发布需求，意向合作博主主动报名，品牌选定博主后，按一口价结算。

· 共创合作：平台帮助品牌智能匹配博主，按品牌设定的笔记阅读单价收费。

·好物体验：平台帮助优选报名用户体验产品，客户回收 UGC（User Generated Content，用户生成内容）体验笔记，按照项目一口价结算。

　　小红书还推出了官方营销学习平台"小红书种草学"，向用户传授更加专业的变现技能。

7　图文转视频

　　这种变现模式主要出现在短视频平台上。写作者通过百家号的 AI 成片、字节跳动的剪映等软件，把文章转化为视频，然后在各大平台上播放。现在越来越多的人爱看短视频，对图文的阅读兴趣下降。写作者用图文转视频的方式，有利于增强传播效果，获得更多流量。

8　参加征文活动

　　无论是传统的杂志报纸刊物，还是新媒体平台、网络文学平台，都会推出很多有奖征文活动。写作者根据征文活动公告中提到的征文要求（题材、形式、篇幅、期限及其他要求），写一个原创作品参加活动。征文活动的竞争非常激烈，只要你能入围获奖，就能得到对应奖励等级的收益。

9　举行读书活动

　　前面的写作变现模式都是写作者单打独斗，举行读书活动这种变现模式要涉及的方面就比较多了。写作者可以组织线上或线下的读书活动，比如读书分享会、专题讲座、新书发布会等，通过与出版机构、相关品牌赞助商等合作，取得分佣收益。

10 写影评文章或文案

这是一个很适合影视剧爱好者的写作变现模式。电影、电视剧人人都能看，也会有属于自己的观后感。写作者有感而发，很容易一气呵成地写出影评文章或文案，帮助影视作品制作方宣传、推广热播剧，然后取得稿费或广告收益。每一部新的影视剧收视火爆的时候，就是通过写影评变现的好时机。

例如，以云南华坪女子高中校长张桂梅老师的真实事迹改编的电视剧《山花烂漫时》，上映后成了叫好又叫座的热播剧，豆瓣评分更是飙升到了9.6分。各路影评人从不同的角度分析这部电视剧，有的分析人物塑造，有的分析剧中体现出来的教育问题，都在当时获得了不错的流量。

11 写拆书稿

拆书稿就是把一本图书中的内容精华部分拆解出来，以便读者高效率地吸收该书传播的知识。这种写作变现模式是针对当前读者的碎片化阅读习惯而产生的。写拆书稿的时候可以跟出版机构、原著作者进行合作。

12 写荐书稿

写荐书稿就是通过图文方式向大众推荐某一本图书。书评人和读书

博主常使用这种变现模式。短视频上的读书博主也把荐书稿当作宣传文案。荐书稿的收益主要来自广告费用和佣金分成。喜欢读书且阅读量很大的朋友，可以尝试一下这种写作变现模式。

13 写硬广告

写硬广告就是直接为某款产品写广告文案、品牌营销文案，从而获得品牌合作方支付的费用。这种写作变现模式专业性比较强，门槛比较高，大多是专业广告公司的策划人员在做。

14 写软文广告

写软文广告比硬广告的技术要求更高，它要求写作者将广告信息巧妙地融入作品当中，使读者在阅读时并不觉得植入广告违和。此类文章往往用精彩的故事情节去吸引读者，要打广告的产品或者服务会顺理成章地出现在剧情中。软文广告不容易引起读者的反感，但更加考验写作者的想象力与创意。

例如，微博大V"天才小熊猫"曾经发布了一条长微博《千万不要用猫设置手机解锁密码》。文章讲述了主人公用猫设置手机解锁密码后遇到的一系列糗事，大家读完后才意识到，这篇文章其实是推广华为手机的软文广告。

15 写商业宣传文案

写作者可以通过给某个活动、某款产品、某家企业撰写商业宣传文案来获得稿费收入。这种稿件商业性很强，跟前面提到的文学创作完全不是一回事。写商业宣传文案不如写流量文章那么自由，但也有套路可循。其目标读者是产品消费者、企业合作方等特殊人群。

16　写付费专栏

在传统报纸杂志或者新媒体平台上开辟专栏，发表付费文章。这种文章的内容跟前面提到的一些写作变现模式的内容有重叠，不同的是，读者（用户）只能免费阅读前面的部分内容，付费之后才能看到完整的文章。成为专栏作家需要一定的竞争力。

17　付费咨询

在各类新媒体平台上注册账号，挂上付费咨询链接。读者（用户）通过点击链接，可以获得写作者特别提供的答疑服务。这种写作变现模式常见于专家型作者。比如心理咨询师、心理咨询专家可以平时在平台上发布文章，在文章末尾附上付费咨询链接。

例如，微信公众号"简单心理"就会在科普文章的末尾附上咨询服务链接，并特别说明"首次咨询（心理评估）利用国际标准的心理测评量表系统和 50 分钟的一对一线上深度访谈，帮助你明确定位情绪感受与需要关注的议题"。

18　创作剧本杀作品

剧本杀线下门店、游戏公司等平台机构都需要大量脑洞大开、趣味

性强的剧本杀作品。如果你能够创作具有一定技术含量的作品，可以尝试用剧本杀来赚取稿费。

19　出版图书

出书可以说是写作者的普遍梦想，而"著作等身"是最能给写作者带来成就感的事情。出版图书的基本方式有两种：一是自己向出版机构投稿，二是按照出版机构的约稿要求撰写图书。这种变现模式的收益主要来自作者的稿费、版权收益。

找准适合你的主攻方向

军事上有一条重要的作战原则，即在主攻方向上集中优势兵力。这条原则也可运用于写作变现。只有集中力量于一两个主攻方向，不断深耕细作，持续积累该领域的读者，扩大自己在该领域的影响力，才能获得更好的产出效益。当你专注于主攻方向后就会发现，自己对相关领域的认识越来越深刻，写文章也越来越得心应手。

遗憾的是，很多写作新手并不清楚自己的定位，导致写作很难变现。

1　写作定位的常见问题

想要找准自己的写作定位，就要先了解一下定位的两个常见误区。

（1）没找到自己的擅长点就主动放弃努力。很多写作者尝试过在不同的领域写作，这个过程中会遭遇很多困难，有时候写某个领域的文章半天写不出一个字，换一个领域也不太成功。遭遇的失败多了，信心就没了，也就放弃了写作之路。这样做的结果很可能是埋没了自己的潜力。

我们在前面已经盘点了常见的写作变现模式。没有哪个写作高手擅长所有的领域，他们更多是找到自己的主攻方向后再扬长避短，努力做出了成果，这才给大家留下了很强大、很厉害的印象。他们也曾经是写作新手，只是更能坚持。

找准写作定位是一件需要不断摸索的事情，如果你真的热爱写作并渴望变现，请不要轻易放弃。

你可以先广撒网，多尝试不同领域的写作。只要你看得懂参考资料，就可以写一写。通过写作实践来验证自己写什么领域的内容更容易上手，写什么类型的文章阅读量更高。经过这个阶段的探索，你就能逐步缩小范围，找到适合自己的垂直领域。然后你就可以明确主攻方向，全力耕耘，持续创作好文章。

（2）以为定位了主攻方向之后就不能调整。定位写作主攻方向自然是应该慎重的，明确了主攻方向就要全力以赴。但是，读者需求一直在变，你的思想和感情也并非一成不变。所以，无论你的写作定位是什么，都不应该成为你的桎梏。

遇到以下情况时，你可以考虑重新调整写作定位：

· 市场需求发生了重大变化，你原先擅长的领域对稿件的需求量大大下降。

· 你的心智成长到了新的水平，想尝试以前一直感兴趣但不敢涉足的领域。

· 你的身份发生了变化，解锁了新的生活技能或者职业技能，可以开拓新的领域。

　　·你在原先的主攻方向上才思枯竭，或者失去了兴趣，需要做出改变。

　　要注意的是，不管你今后如何调整自己的写作定位，都不能违背两个基本点：一是该领域的市场需求足够大，能带来符合你期望的变现价值；二是尽可能地做自己擅长且感兴趣的领域，即使不感兴趣，也至少是你具备差异化竞争力的领域。这样的调整才不会盲目短视。

2 认清自身优势

　　想要找到自己擅长的写作领域，必须充分分析自身优势。每一位写作新手都可以从以下三个方面来寻找自己的写作定位。

　　（1）结合自己的身份特点。每个人都有自己的身份角色，在家里可能是子女、兄弟姐妹、家长，在职场中可能是打工人、高管、老板、干部等，在互联网平台上可能是某个领域的博主。同一个人可以有很多身份，每个身份都能提供许多可写的选题和创作素材。无论你是写作新手还是写作高手，在这方面没什么本质区别。只不过写作高手擅长结合自己身份的特点来写文章，写作新手还不太会用罢了。

　　为此，你在写作时可以把自己所有的身份标签都纳入备选范围，有一个算一个，都写上几个选题，看看效果如何。

　　例如，可以站在儿子的角度谈谈怎么处理跟父母的代际冲突，可以站在母亲的角度分享自己的育儿心得，可以站在打工人的角度谈谈职场

打拼的经验，可以站在伴侣的角度讲述情感经历以及构建亲密关系的方法，可以站在校友的角度聊聊母校逸闻，等等。

（2）结合个人的兴趣爱好。常言道：兴趣是最好的老师。结合自己的兴趣爱好来写作，是最让人愉快的一种写作定位思路。每个人的兴趣爱好各不相同，你喜欢打游戏，我喜欢看书码字，他喜欢旅游和美食。如果谈论各自感兴趣的话题，说不定人人都能侃侃而谈、不知疲倦。写自己感兴趣的选题也是如此，绝对比一般意义上的商业约稿更有热情，创作欲望也更强。

通常而言，你爱好的事情往往就是你平时花最多时间研究的事情。你在这个领域积累的创作素材，肯定比在其他领域的多得多。这样一来，你的写作过程会更加轻松，也更加快乐，效率一般要高出写别的东西时的效率。换言之，你的兴趣点就是你的擅长点。

此外，世界上肯定有大量跟你有相同兴趣爱好的人，哪怕你是小众爱好者，也能找出成千上万的同好。他们就是你的潜在目标读者，也是你将来的写作服务对象。

（3）结合当前的市场热门领域。市场热门领域每隔一段时间就会发生变化，你写的东西要是与之无关，就会错过瓜分流量的机遇。进行写作定位时，在考虑前两个方面的基础上，你应当尽可能地贴近当前的市场热门领域。寻找热门领域的优质内容创作者，学习他们的创意、风格，这样就可以少走弯路。

假如你发现自己原先擅长的本领似乎很难发挥作用，要么去学习新知识、新技能，并启用新的写作变现模式，要么找个有技术专长的创作者跟你优势互补，联合创作。

3 如何明确自己的写作方向

当我们分析了自身优势之后，可以通过以下几个步骤完成对自我写作定位的探索。要注意的是，这些只是基本步骤，你只有反复探索、尝试、确认之后，才能真正确定适合你的写作方向。下面逐一讲解各个步骤。

（1）梳理自己的阅读方向。你要仔细梳理一下，自己平时最喜欢读什么领域的图书、文章，喜欢哪些类型的作者，关注了哪些领域的网站、平台、公众号、博主、作家。注意，你要挑选出自己真正花时间阅读的东西，而不是以为喜欢但一直没有认真阅读的东西。后者没有参考价值，前者才是你的本能偏好。

之所以要搞清楚这些问题，是因为你的阅读方向代表着你真正的兴趣爱好所在，同时也是你相对擅长的领域。你可以选择的写作方向，就隐藏在其中。一言以蔽之，你爱读什么，大概率就爱写什么。至于你的阅读方向是不是你的最佳写作方向，还要经过进一步验证。

（2）尝试所有感兴趣的领域，找出最擅长的方向。一般人的阅读兴趣会集中在三五个领域。你也许对这些领域的书籍和文章都兴致勃勃，但这并不代表你可以写好这些领域的文章。不全部试一试，你怎么知道自己写得好哪一类文章呢？

你可以给自己列一个小目标，为每个感兴趣的领域写几篇文章，看看读者的反馈情况。在写作过程中，你要体会自己的感受，写什么内容

的时候心情更好，写什么内容感到吃力，写完之后的成就感有什么细微差异。

很多写作新手可能会乘兴而来，败兴而归。因为他们会发现，写作过程比想象中的要艰苦，自己好像没有想象中的那么擅长写自己喜爱的内容。如果一个领域是你喜欢但又写得费劲的，那么它就不适合做你的主攻方向。你可以尝试别的领域，直到找出既感兴趣又相对擅长的写作方向。这一步不能着急，也许要努力半年甚至一年以上才能摸排清楚。

（3）请教"过来人"，锁定主攻方向。"过来人"是与你写作方向相同且已经小有成绩的人。他们的经验比较丰富，踩过一些这个领域的坑，熟悉你选择的写作变现模式的利弊以及操作流程。他们能成为你的指导老师，提供专业建议，帮助你少走弯路。虚心求教"过来人"，有助于你实现快速成长，更快地锁定自己的主攻方向。

（4）坚持大方向，反复小调整。当你初步明确了自己的主攻方向后，就要把注意力集中于此。写作大方向应该保持稳定，千万不能今天写情感类文章，明天写网文小说，后天又去写商业文案。不停折腾的结果叮能是毫无建树，颗粒无收。

假如你的写作定位是历史领域，大方向不能脱离历史领域，但写作小方向可以再做调整。例如，你可以根据市场风向，尝试古代名人传记、历史常识读物、趣味历史科普、历史问题研究、历史小说故事等细分领域，找出自己写得最轻松且变现效果最好的小方向。

到了这一步，你的主攻方向才算是真正确定了。接下来的任务就是选择合适的发文平台，以便深耕细作。

选对平台才能事半功倍

对写作者来说，选择平台就是"找靠山""抱大腿""结交金主"。我们要借助平台的力量，打破"酒香也怕巷子深"的困境，让更多读者看见你的存在，阅读你的作品。这样，文章的价值才能被放大数十倍、上百倍，为你带来可观的收益。

1　常见的发文平台

（1）微博。微博是目前国内最重要的社交媒体之一，也是一大内容平台。由于其媒介的特殊性，热点话题往往能在微博引发热议，引爆流量。微博划分了多个垂直领域，每个垂直领域都有若干大 V。成为大 V 的博主将获得平台一系列扶持政策。只要你持续发布高质量的长微博或图文视频作品，就比较容易吸引粉丝，逐渐被微博官方注意到并扶持你成为大 V，在相关垂直领域重点推荐你的内容。

（2）微信公众号。微信公众号也是一个重要的社交媒体与内容平台，它就像写作者的自家小庄园，是向世界展示自己的一个窗口。同为社交媒体，微博以陌生人社交为主，微信则以熟人、半熟人社交为主。

微信公众号可以在后台设置"加我微信"，让读者链接到你的个人微信号。微信公众号读者的黏性一般要大于微博读者。

（3）知乎。知乎是一个互联网问答社区，上面有高质量、专业性很强的答题内容。想要寻找深度内容的读者，可以去知乎找。如果找不到，可以作为用户去提问，引出相关领域的行家进行深度解答。于是，有些学识渊博且专业度较高的写作者，会去知乎作答，并在问答末尾的简介处备注自己的详细信息，把读者吸引到自己的其他社交媒体账号如微信公众号上。

（4）简书。简书是一个风格偏文艺的写作平台，操作起来很简便，非常适合新手作者。跟微博、微信公众号、知乎等平台相比，简书比较小众，用户和流量都相对少一些，也不涉及过多热点新闻。但它创作氛围很好，很适合喜欢以文会友，专注于创作的写作者。

（5）今日头条。今日头条是字节跳动公司旗下的平台，发展势头很猛。你在今日头条发布头条文章时，可在标题下面和文章末尾注明笔名，还可以在文章末尾加上详细的自我介绍。今日头条的文章质量可能不如前几个平台那么高，但它的推广引流能力比较强，有较好的传播力度。

（6）喜马拉雅。喜马拉雅是一个大型的有声读物平台，并且是一个共享流量池。这个平台做的是有声读物而非文字读物，其用户基本上都是听众。如果你的声音好听，字正腔圆，可以朗诵别人的作品（需要取得相应的授权）或者自己的原创作品，将录好的音频上传，吸引更多听众，从而获得流量。

（7）知识星球。知识星球是一款知识社群工具，能帮助内容创作者链接铁杆粉丝，打造品质社群，实现知识变现。写作者可以在知识星球发布文章，分享自己的观点和见识。若你在自己擅长的领域达到了一定的水平，积累了一批铁杆粉丝，还可以打造付费内容产品找平台合作推广，把某个细分领域开发成付费课程，这样就能大大提高传播效率，获得精准流量。

（8）荔课。荔课原名"荔枝微课"，是国内知名的全域运营知识变现平台。荔课平台拥有丰富的微课资源，提供全域一体化运营变现解决方案，通过构建多渠道、全链路数字化商业闭环，帮助知识主体实现知识变现。

以上平台各有特点，都有自己稳固的用户、粉丝群体，都是自有流量池，每天都能产出大量内容。

2 如何挑选合适的平台

写作者与平台最好是能形成利益捆绑的长期合作关系，具体的合作方式包括但不限于以下几种：

- 长期投稿合作，经常写东西发在平台上。
- 成为平台的签约作者。
- 成为平台的重点扶持对象。
- 跟平台合作开发付费课程。

　　无论哪一种合作方式，都是通过平台来争取更多的推广资源。为了避免选错平台，我们还要进行以下几个方面的评估。

　　（1）平台的规模。平台有大小之分，前面提到的都是大平台，而且属于比较主流的内容平台，跟它们合作有可能得到不错的资源。不过，由于这样想的人很多，主流平台上的写作者之间的竞争相当激烈。有些写作者是在大平台上创建自己的小平台（比如个人微信公众号），或者找大平台下的细分领域小平台进行合作。

　　（2）平台的风格。不同的平台有不同的风格，每个写作者也都有自己偏好的风格，有的喜欢用微博，有的喜欢用今日头条，有的喜欢用微信公众号。不管怎样，我们应当选择自己平时最喜欢看的平台作为重点经营对象。

　　（3）平台的实力。平台的实力包括内容实力、粉丝实力等方面。内容实力是指平台在特定领域的内容是否领先于同行，粉丝实力是指平台在特定领域的粉丝数量多少、能力素养高低、组织活动能力强弱、宣传推广热情大小。在实力强劲的平台上发布内容，更容易被大众视为有传播价值的优质内容。

　　（4）平台的合作意愿。挑选平台的时候，要注意对比一下哪个平台跟你的合作意愿更强。写作新手刚开始可能到哪里都无人问津，然而随着写作水平的不断进步，迟早会被平台发现。到那时候，哪个平台愿意为你赋能，给你投放流量，你就优先选择哪个平台，这样才能获得更多的写作变现机会，让你的价值得到放大。

第 7 章

在你锚定的赛道上深耕细作

受平台欢迎的六类自媒体文章

根据无数自媒体写作者的经验，目前有六类文章最受平台欢迎：情感类文章、励志类文章、热点话题类文章、改变认知类文章、输出观点类文章、知识干货类文章。

1 情感类文章

人们写文章，抒发的不是思想，就是情感。因此，探讨情感问题的文章比比皆是。此类自媒体文章可以写的话题主要有以下几种。

（1）伴侣的行为特征话题。正面的写法是婚姻幸福的伴侣会表现出什么特征，反面的写法是婚姻不幸的伴侣是什么行为造成的。

（2）对待感情的态度。这类话题讨论的是人们应该以什么样的态度对待感情，为读者提供一些处理情感问题的建议。

（3）对婚姻或感情的感悟。此类文章写的是写作者对婚姻或感情的感悟。例如，怎样经营感情和婚姻，怎样跟伴侣保持和谐的亲密关系，什么原因可能导致感情破裂，感情破裂后应该怎么办，揭示感情或婚姻的真相、本质等。

（4）从社会层面探讨婚姻。可以从调查统计数据入手，分析当前社会人们的婚姻状况；可以对比当代人与古代人在婚姻关系上的差异；可以讨论某些情感专家对婚姻的看法。

2 励志类文章

尽管有不少文章批判"心灵鸡汤"华而不实、毫无用处，但在写作变现的道路上，励志类文章表现得很不错。人生多艰难，生活多曲折，情感多苦闷，没有励志类文章的调节，很多人就会被负能量压得喘不过气来。这便是励志类文章存在的意义，其主要有三种写法。

（1）让消沉的人看到希望。人人都会经历低谷，遭遇逆境，不得不面对现实与梦想的落差。冷漠、嘲笑、打击无处不在，若是一直消沉下去，就会作茧自缚，一事无成。写作者可以用这类文章来劝慰和鼓励那些生活不如意的人，告诉他们困难总会过去，事情最终会变好。只要你的道理中肯，就能给读者带来安慰。

（2）为迷茫的人指明成长方向。"成长"是一个永恒的话题。人的成长不仅仅是指生理上的发育，还有心理和能力上的成长。只有不断成长，才能在工作、学习、生活等方面具备良好的适应能力，才能从容面对各种变化。可是具体该怎么做呢？每个人的情况不同，要具体问题具体分析，给出一些实用建议，指出成长方向。这类文章因为有实用价值，更容易受到读者的欢迎。

（3）揭露成长的真相。有的人的思想不够成熟，看问题比较幼稚，容易在人生道路上走错方向。一些励志文章会向读者揭示成长的真相，

告知读者成长过程中要面临的挑战、要付出的代价、要解决的问题。

3 热点话题类文章

此类文章主要写的是有关当前的热点新闻、热播的影视剧、某个新出的热点人物等的话题。热点话题的关注度高、流量大，能为相关的文章带来阅读量和点击率，文章也容易成为爆款。

例如，电视剧《三国演义》（1994 年版）虽然已经上映很多年了，但依然是一个长盛不衰的爆款作品。有很多写作者发文分析剧中的人物角色，鉴赏演员们的精彩表演，解读经典台词的言外之意，从故事中提炼关于职场、创业、情感、谋略等方面的知识、经验，甚至讨论电视剧幕后的各种鲜为人知的故事。

写热点类文章一方面要挖掘出新颖的角度，另一方面内容要跟热点本身具有较为密切的联系。写作者若是不管不顾地硬蹭热点，会令读者产生反感，也会因为文章内容质量不佳而得不到流量的垂青。

4 改变认知类文章

改变认知类文章的主要价值在于，通过讲述一些大众不了解（只有少数人知道）的内容，拓展读者的认知广度。这类文章的写法主要有三种：谈论提升格局的方法、介绍拓宽认知的方法、颠覆某种固有观念。

想要写好这类文章，必须经过深度思考，并且有一定的知识储备。否则观点站不住脚，就有哗众取宠之嫌，徒增笑料。

5　输出观点类文章

这类文章主要表明写作者对某个人、事、物、现象、道理、规律的看法和立场，几乎每个写作者都写过。写此类文章的要点是，旗帜鲜明地表明你支持什么、反对什么、提倡什么，并动之以情、晓之以理，说服你的目标读者。输出观点类文章贵在以理服人，逻辑自洽，写作方向主要有以下几种。

（1）表达对人的看法。比如，你欣赏什么样的人，反感什么样的人，认为哪些人值得交往，哪些人必须远离。你还可以写写自己的为人准则、用人方针、识人方法，等等。

（2）表达对事的看法。此类文章通常是先描述一个事件或者一种社会现象，再发表写作者的个人看法。其写作要点在于，描述事件或社会现象的时候要做到全面、深入、客观、准确，发表个人看法的时候，见解要深刻、独到、能给读者带来启发。

（3）表达对某种行为的看法。通过分析某种行为的好坏，告诉读者应该怎么做、不应该怎么做。其写作要点在于，要明确地赞同或者反对该行为，说出令人信服的理由，给读者提供一个行为指南。

6　知识干货类文章

这类文章主要向读者介绍某种知识、经验、技术、技能、方法、攻略等"干货"，对写作者的知识储备要求比较高。但由于其实用性比较强，比较容易受到读者重视，甚至有可能成为爆款。其写作要点在于，

知识要准确（查阅权威资料、请教专家等），观点要专业（基于深入研究、有独特见解等），语言要通俗易懂（使用比喻、举例等），说服力要强（数据来源可靠、理论适用等）。

撰写商业文案

当今社会离不开商业文案，这是一种很重要的写作变现模式。商业文案是为了宣传、推广产品、服务、商业活动、企业品牌而撰写的特殊文章。它具有很强的推销色彩，实用性很强，与写一般的自媒体文章有很大的区别。许多写作者能写出漂亮的情感文、观点文、故事文，但未必写得好商业文案。

毫不夸张地说，商业文案的好坏能直接影响成交收益。优秀的文案就像是摇钱树，能为产品带来很高的转化率。一篇脍炙人口的文案，会被多个渠道平台不断转载，反复传播，其宣传效果比多名销售员整天吆喝强多了。

商业文案这个领域竞争激烈，有一定的门槛，但应用前景广阔。因为经济越繁荣，物质越丰富，营销活动越频繁，商业文案的市场需求就越大。很多大公司都有自己的文案团队，也有的公司会将商业文案外包给专业团队。如果你能写得一手精辟的商业文案，不愁没有收入。

商业文案有很多种类型，这里着重介绍两种最常见的商业文案：带货文案、品牌产品文案。

1 带货文案

带货文案是一种重要的商业文案，是内容电商兴起的产物，其篇幅短小，可能只需短短几百字。比如，下面这则关于海鲜的带货视频文案：

> 今天凌晨4点，我就在码头上等着了，一直等到现在才卸货，快，赶紧来看看，我们的小黄花鱼，怎么样，现在马上拉回去，给大家把小的，还有小杂鱼分拣出来，然后速冻……

该文案通过展示小黄花鱼收货、验货、卸货的过程，让消费者能清楚地了解产品的生产流程和品质，从而放心下单。

内容电商的特点在于，平台通过优质文字内容吸引用户，让用户在浏览内容的同时下单购物。这样，平台方能够得到广告收益，产品方则能用更低的成本来进行宣传和推广，可谓多方共赢。内容好、有观点、有流量的带货文案堪称内容电商的撒手锏。想要创作出这样的带货文案，不仅要会选择物美价廉的产品，还要懂得怎样写会被平台推荐的文案内容。

从某种意义上讲，比起一般的流量文章，带货文案更注重真实性，不能有水分。因为它的商业属性很强，要最大限度地完成带货目标，容不得敷衍了事。文案既要能戳中用户的痛点，又要具备自己的特色，否则无法从众多吸引眼球的内容电商中杀出一条血路。

由于产品的类型多种多样，写作者在面对不同的目标受众群体的时候，应该有针对性地写出不同的带货文案。不过，优秀的文案都有相通之处。

写作者在构思文案的时候，要注意将企业的商业策略、品牌诉求等商业要素恰当地包含在创意内容中。文案的语言要贴近生活，简明扼要，直白易懂，突出产品的核心价值，关联用户的生活场景，引发其情感共鸣，还要能让用户产生自己得到了很多实惠的主观感受。若是不能洞察人性，站在用户的角度思考问题，是很难写好带货文案的。

结构完整的带货文案基本上都包含了这些关键点：

> ·背景——搭建一个贴近用户日常生活的消费场景，让每个看到的人都能感同身受，被文案的内容吸引。
>
> ·承诺——表明你的产品有什么属性与功能，能让用户得到什么结果，产生什么令人期待的变化。
>
> ·证明——说明用户为什么要相信你，如果用户提出疑问和担忧，你会如何处理，让用户把心放回肚子里去。
>
> ·刺激——引导消费，说服用户现在就买，不要错过购买时机。

写带货文案时要特别注意最后一个关键点——引导消费，绝对不能采取强迫、威胁的表达方式。那样会败好感。聪明的做法是从下面几点进行引导：

· 好看——强调使用产品之后能美化用户的外观、造型、生活环境，突出感官方面带来的好处。

· 好用——强调使用产品之后能解决用户的某个痛点。

· 实惠——强调产品的性价比高，值得入手。

· 时效性——强调促销政策的时效性，让用户担心与限时优惠失之交臂。

· 稀缺性——强调产品的稀缺性，激发用户的独占欲。

总之，在写带货文案时，要明确文案是写给哪些人看的，明确该产品的卖点是什么，给出用户要马上买的理由。而且，文案内容要写得诱人，这样才能让用户在阅读过程中产生购买欲，进而打开链接购买产品。

2 品牌产品文案

品牌产品文案的作用是用直指人心的方式宣传品牌的核心价值，建立用户对品牌的认知，进而赢得他们对产品的认可。相对于更通俗、更接地气的带货文案，品牌产品文案要求短小精悍、雅俗共赏，具有一定的品牌文化内涵。

宣传品牌的核心价值时应当从以下三个方面构建用户对品牌的认知：

- 必须让用户搞清楚这个品牌是做什么的。

- 必须让用户搞清楚这个品牌的优势在哪里。

- 必须让用户感受到过去的生活跟拥有品牌之后的生活相比有什么差距。

在阐明品牌核心价值的基础上，品牌产品文案还要回答一些用户最关心的问题：

- 产品的质量是否过硬？

- 产品的性价比有多高？

- 产品的使用方法是否简单易学？

- 产品的维护保养是否轻松便捷？

- 产品售后服务保障是否高效、及时、人性化？

品牌产品文案要针对上述问题给出明确的答案，满足客户情感需求，赢得客户的信任，才能激发客户的购买欲望。

我们写品牌产品文案时要注意检查标题是否吸引人，内容有没有爆点，能不能让人阅读后产生主动转发的意愿。为此，写作者要认真研究品牌产品的用户群体是什么人，他们的性别、年龄、职业等有哪些特征，他们在工作、生活中的关注点是什么。掌握了这些情报，就能找到目标用户感兴趣的内容切入点和其最能接受的文案推广方式。

在此基础上，品牌产品文案可以构建一个让用户身临其境的场景，

以故事的形式开头，揭示用户的痛点和担忧，在传递情感关怀的同时，水到渠成地引出品牌文化价值观，展示产品的卖点，最终将品牌文化融入用户对美好生活的向往当中。

以上就是品牌产品文案的一个基本套路，写作者可以根据品牌产品、营销渠道、推广方式的差异来设计不同的内容组合。比如用广告短片的方式宣传品牌产品，就是融合了图、文、视频、音乐等表现形式，用户能从多个感官接收文案想传达的信息，宣传效果倍增。

跨入短篇小说创作行列

创作短篇小说是一个上限较高的写作变现模式。但如果作品受到大众欢迎，有可能被改编成漫画、动画、电影、电视剧、微短剧等 IP 衍生产品。

接下来介绍短篇小说创作的基础知识。

1　写短篇小说需要构思哪些内容

短篇小说的特点是篇幅短小、情节简洁、人物集中、结构精巧。我们在创作短篇小说的时候，需要构思以下内容。

（1）小说主旨。确定小说主旨是构思作品的第一步。小说主旨即小说的中心思想，也就是写作者想传达给读者的思想感情。它是小说的灵魂，起到统领全文的作用。没有主旨的小说，会显得杂乱无章，读者不愿意读，根本没有变现的机会。

小说主旨可以是反映社会现实的，也可以是歌颂人间真情的，还可以是批判丑恶现象的。这些只是宽泛的方向，还需要进一步细化。主旨越精确细致，你的写作思路就越清晰，在进行人物设定、构思故事情节

时才能有的放矢。

（2）主角的行为动机。刚开始写小说的作者，写出的作品往往会存在一个问题，即故事情节完整，但主角的言谈举止不能让人产生代入感。换言之，主角更像一个旁观者，而非推动剧情发展的核心人物。造成这种问题的一个重要原因是，作者没有想清楚主角的行为动机。

以最常见的武侠小说为例，主角肯定有一个贯穿全文的行为动机（比如复仇、赎罪、夺魁等），受这个行为动机的推动，主角会去做某些事，接触某些人，并在此过程中遭遇种种事件。主角的爱恨情仇、喜怒哀乐、成功与挫败，都围绕着这个动机展开。这样才能给人足够的代入感，一直吸引读者的注意力。

（3）主角的人物设定。主角的人物设定一般包括这些要素：姓名、性别、年龄、身高、样貌、职业、收入水平、衣着打扮、性格、三观、家庭背景、情感状态、区别于其他角色的独有特征等。人物设定做得越细致，人物形象就越生动鲜明。当你做完人物设定之后，就会发现这个角色已经跃然纸上，后续写故事的时候，文思就更顺畅，情节发展就会更合理。

受篇幅限制，我们写短篇小说时无法像写长篇小说那样，在故事中插入一大段文字描述主角的全部特征。这就需要我们进行取舍，只挑选跟情节发展关系最密切的要素重点突出。只要主角的个人特征够鲜明，就能给读者留下深刻的印象。

（4）故事背景。对写小说而言，故事背景设定的重要性不亚于主角的人物设定。背景设定若是简单，读者的阅读体验就会大打折扣。在短篇小说中，受篇幅限制，故事背景往往用一两句话带过。但是，写作者心中必须有完整的世界观、时间线，否则写出的故事会情节混乱、前后矛盾。

为此，在构思小说的时候，写作者必须想清楚故事发生在什么样的年代，当时的社会是安定状态还是战乱状态，当时的社会生产力水平是怎样的，老百姓的生活环境是怎样的，人情世故、生存法则与风俗观念是怎样的，主角在这样的社会环境下是如何生存与成长的，主角可能因为这种社会环境遭遇什么困难或者碰到什么机遇……

（5）主角的人物弧光。小说的人物弧光就是人物在故事中的成长变化。如果主角从头到尾没有丝毫成长，开头是什么样子，结局还是什么样子，故事就没有看点。优秀的作品总能透过情节发展反映人物的变化。这种变化可能是好的，也可能是坏的，但都能让人物形象更加立体饱满，故事更加引人入胜。

经验不足的写作者可能只顾着推动情节而忽略对人物弧光的表现。其实，人物弧光跟情节的发展本来就存在密切联系。现实生活中，人们的成长变化是经历和环境造成的。小说人物也是如此。写作者要预先安排好主角在故事中经历的几次重大事件，明确这些事件对主角造成了何种影响，会导致其发生什么样的变化。这样，人物弧光就出来了。

（6）配角与主角的互动。小说中，除了主角之外，一般还应有配角。主角与配角的互动，不仅能推动主线故事的发展，也往往影响着主角的行动轨迹和成长变化。在优秀的短篇小说中，配角往往有自己的闪光点和高光时刻，跟主角相互衬托，或者难分伯仲。这让故事变得更加

精彩。

配角的戏份不多，但人物设定同样应该鲜明，让人过目不忘，又要与主角明显区别开来。此外，配角的行为动机也是必须明确的。因为很多时候，小说需要切换到配角的视角去叙事，安排配角去帮助或者阻止主角完成行动。能不能把主角与配角的对手戏写好，也是检验写作者水平高低的一个标志。

（7）故事的节奏点。短篇小说同样讲究谋篇布局，要对全文的叙事节奏有合理地把控。否则，小说很容易出现头重脚轻、比例失调、节奏失控、详略不当等弊病。

在创作之前，我们可以设计好短篇小说的基本框架，将全文的节奏点划分为故事起因、第一次转折、第二次转折、高潮、结尾等部分。根据整篇小说的计划字数来分配每个部分的字数，下笔的时候就能做到心中有数。

当然，这个框架只能辅助写作，写作时不能只会机械地遵守原定的节奏点。因为到了真正动笔的时候，你可能会发现原先的框架不合理，有必要做出调整。写作一定要从实际情况出发，不能犯教条主义错误。

2 塑造人物的注意事项

小说以塑造人物为中心。没有经典角色的小说，成不了优秀作品。而人物塑造得十分出彩的小说，即使文笔平平，情节老套，也会赢得读者的好感。所以，接下来我们将重点讲一讲塑造小说人物需要注意的几点。

（1）角色的特殊性。网上有大量短篇小说，但大多乏善可陈，一个很重要的原因就是角色同质化。随手一抓就是冷酷霸总男主、深情男配、傻白甜女主、恶毒女配之类的角色，读者早就看腻了。我们应该赋予角色更多特殊性，使之从同质化的小说人物中凸显出来。

例如，你可以安排人物从事某种特殊的行业，或者从事对大众来说很神秘的职业。只要你准备工作做得扎实，对该行业或职业有足够的了解，就能写出立得住的主角人设。要注意的是，你构建的故事主线必须跟主角的职业特性结合起来，切忌写故事时把人物设定忘到了脑后，导致情节发展缺乏逻辑，人物形象虚浮生硬。

此外，你还可以从人物的成长背景、性格三观、兴趣爱好、生活习惯等方面增加细节，表现角色跟周围的人不一样的特点。这样，你笔下的角色就更容易被读者记住。

（2）角色的完整性。人物形象是否饱满，取决于该角色故事的完整性。简单来说，就是我们要知道这个人物从哪里来，也讲得清楚他会到哪里去。写作者需要通过故事解答以下问题：

- 他为什么会成为这样的人？
- 他为什么会干出这样的事？
- 他做了这样的事之后，发生了什么变化？

这三个问题对应了人物的背景、行为动机和人物弧光（指故事中人物随着情节发展所经历的内在转变过程），解答了它们，小说中的角色

就具备了完整性。

（3）角色的多面性。人性本身是复杂的，现实中的善恶也并非泾渭分明。展示出角色的多面性，表现出角色鲜明的优缺点，可以更好地刻画其遇事时的内心挣扎，反映出角色的成长变化过程。这样可以使人物更加立体真实，更添人格魅力，还可以引发读者对人性的深度思考。不过，需要注意的是，刻画多面人物时要有主有次、有取有舍。在故事中应当突出人物主要的一面，其他方面起的是丰富人物形象的作用，不可喧宾夺主。与故事主线关联不大的性格面，可以舍弃不用。

（4）角色的逻辑性。小说的脑洞再大，也要遵循一定的逻辑。无论小说角色的设定多么强大，一般都不会超过写作者本人的认知水平。因此，不建议写作新手一味追求复杂的故事情节与人物设定，否则很容易出现逻辑漏洞。

在塑造人物时，写作者应该检查角色的行为是否合情合理、符合逻辑。这里说的逻辑包括现实逻辑和人物的行为逻辑。现实逻辑不好的作品，会被读者嘲讽"没有生活常识"。人物的行为逻辑受制于写作者为其设置的性格、三观、成长经历等，他们说话做事不能脱离这些设定，否则就是"人设崩了"。

除了上述要注意的地方，小说的写作格式也不能马虎。投稿平台的编辑阅读稿件的时候，看到不规范的格式可能会直接拒稿。

现在，你可以尝试去创作一篇小说了。

创作漫画剧本

近年来，国产漫画的发展势头很猛，各大平台纷纷推出自己的漫画频道，吸引了一大批漫画作者。不擅长绘画的写作者，可以尝试做漫画编剧，创作商业漫画剧本给漫画师来绘制。以下是创作漫画剧本的一些基础知识。

1　漫画剧本需要确定哪些作品信息

创作漫画剧本的第一步就是确定要写什么主题，这就需要明确下面几个作品信息。

（1）作品名称。漫画作品要有一个吸引人的名称。作品名称要能让读者一眼看出这部漫画是什么题材，故事有什么看点和新颖性。

给作品取名时必须了解当前的市场潮流，但要避免盲目跟风。因为热点名称易引发模仿，导致关键词泛滥、内容同质化，读者产生审美疲劳后，相似名称的新作品反而会被视为缺乏新意。所以，创新命名才能持续吸引读者。

（2）作品类型及看点。作品类型也就是漫画平台划分作品的标签，

比如热血、校园、悬疑、修仙、武侠、言情、古风、穿越等。一些漫画平台会利用大数据给作品打上分类标签，构建一个个垂直题材的流量池，吸引喜好该类作品的读者。这样一来，读者在平台上看到的往往是系统自动推送的同类作品，其他类型的作品就不容易看到。

所以，在写漫画剧本的时候，要明确作品类型及其在平台上的分类标签，以便获得精准的流量。

（3）故事简介。故事简介就是用来介绍故事内容的小短文，一般不超过300字，否则有可能让审核稿件的平台编辑反感。有些漫画编剧会用一句话来概括故事的核心内容，这样的故事简介更加精练有趣，让人印象深刻。

（4）故事大纲。故事大纲不要写成流水账式的大事记，必须挑选主要事件，按照起（开始）、承（发展）、转（高潮）、合（结局）的逻辑来写整个故事的框架。注意写清楚故事的任务主线、主角的情感线和配角的故事线。

（5）人物设定。漫画的人物设定跟短篇小说的人物设定有相同之处。编剧要把故事的主角和重要配角的人物设定做出来，（龙套人物可以不用管）把每一个角色的外貌特征、性格、三观、职业、技能特点、爱好特长、成长背景、口头禅、人际关系等都设置好。这样，漫画师才能画出编剧想要的人物形象。

（6）内容卖点。漫画的内容卖点涉及题材、设定、剧情等方面。古今中外的故事太多了，虽然题材撞车、脑洞撞车是常见现象，但你依然可以通过创新卖点来摆脱内容同质化的窘境，从众多作品中脱颖而出。

例如，写同个标签类型的题材，常规做法是以正派为主角，你可以改为让反派做主角。你可以把不同类型的题材融合在一起，创造出异于同类作品的新剧情。你还可以改变常规的人物设定和道具设定，将剧情翻出新花样。

需要注意的是，漫画故事最核心的内容卖点依然是剧情。好题材和好设定只有在好剧情的加持下，才能成为精彩的故事。烂剧情会抵消题材、设定的亮点。

2 设计故事线与人物

漫画故事好不好看，主要取决于故事线是否合情合理且有亮点，人物设定是否出彩。

（1）故事主线与故事支线。故事主线一般是主角在整个故事里的核心任务。这个核心任务通常是一件主角不得不做的事情，它引导着主角的言行，推动剧情发展，还能彰显主角的性格。故事主线能反映出整个故事的框架以及世界观。设计故事主线的要点是，拿走主角在乎的东西，然后让主角去追逐这样东西。

故事支线是对故事主线内容的延伸。如果说故事主线是树干，故事支线就是由树干伸出来的枝杈。设计支线剧情时一定要注意跟主线剧情密切相关。其具体内容可以是主角结识了新人物，获得了新道具，解锁了新技能，产生了新情感，等等。

主线与支线按照严密的逻辑相结合，可以从多方面塑造人物，让整个故事变得更加精彩。

（2）主角的感情线。除了主线和支线剧情之外，主角的感情线也需要精心设计。精彩的感情线能调动读者的情绪，让读者跟漫画中的人物产生共情。感情线的走向要根据主角的性格和作品的基调来确定，可以分为明线（如男女主表面上相互喜欢或者相互讨厌）和暗线（如男女主对情感的顾虑，以及对彼此的真实看法）。

设计感情线时要注意结合人物弧光。可以让男女主角在故事开始的时候表现出明显的情感缺陷，后续安排两人进行各种互动，经历各种波折，双方都有了成长，最终走向皆大欢喜的喜剧结局或者分道扬镳的悲剧结局。

（3）塑造有亮点的人物。人物塑造得是否成功，在很大程度上决定了一部作品好不好看。光是主角出彩还不够，配角也要生动饱满、立体多面。如果作品中的人物光有设定，却没有鲜活的灵魂，只是一个完成剧情任务的工具人，整个故事就会黯然失色。

漫画以画面的形式呈现人物形象，更需要做精细的人物设定。为了让读者对角色产生深刻的印象，我们需要在细节上为其增加一些显著特征，比如独一无二的衣着装扮或外貌特征、特殊的说话方式和经典格言、独特的人生哲学、某种不合刻板印象的反差，等等。

避免把主角设定为完美无缺之人，尽量用复杂多面的设定代替非黑即白的设定。一个优缺点明显，还存在某种反差的人物，更容易让读者感受到魅力。

（4）人物组合（CP）。故事中的各种角色，在读者眼中可以组合成不同类型的 CP。CP 组合中的两个人物可以是友好关系、互补关系、竞争关系，甚至敌对关系。两人会共同参与重大事件，他们之间的互动会贯穿在故事主线或支线当中，对剧情有明显的推动作用。

CP 之间的对手戏可以说是漫画故事最大的看点之一，"嗑 CP"也是迎合广大读者爱好的一件事。如果编剧在设定人物关系的时候，能有意识地构建一些角色之间的搭配，就有希望写出让读者感觉"好嗑"的 CP 组合，这将会对漫画故事的人气与流量产生极大的影响。

3　漫画分镜头脚本常识

漫画剧本的创作可分为两个阶段：第一阶段是写故事大纲，第二阶段是写分镜头脚本。漫画编剧撰写的分镜头脚本是漫画师、助手绘制每一格漫画的依据。

漫画分镜是由格数、景别、画面内容和台词组成的。格数相当于镜头顺序，规定了画面的先后顺序与叙事逻辑，尤其是漫画师的构图参考，能让各个画面组合得更加协调。分镜头脚本要用文字描述静态的画面内容。台词则是表现人物性格、提供剧情线索的文字。

（1）镜头脚本。分镜头脚本对漫画有至关重要的作用，具体如下。

作用一：为前期绘画提供内容参考。

编剧要在分镜头脚本中交代这一话[①]中所有的出场人物，写清楚每个人物的动作。漫画师依据这些描述来构思具体的人物画像。

作用二：为后期制作提供依据。

---

① 一话：一个完整的故事单元或章节，类似于小说中的一章或电视剧的一集。

分镜头脚本经过整个团队审核后定稿，后期团队要严格按照脚本的内容去完成绘制工作。

作用三：明确作品长度和经费要求。

漫画作品的整体长度，关系到漫画团队的制作周期和经费。如果作品太长，很容易造成经费不足等运营问题。因此，编剧在写分镜头脚本的时候，要力求精简，不必要的镜头一律删掉。

作用四：让整个故事镜头化。

编剧写的是文字，最终呈现的却是画面。漫画分镜头脚本则是把文字转化为画面的关键一步。编剧脑海中的故事画面，需要借助分镜头脚本的描述镜头化。

（2）景别。漫画和摄影一样，都需要镜头感。分镜头脚本要把每个画面的景别写清楚。景别就是被拍摄主体在画面中的大小和范围，主要包括以下类型。

远景：一般用于交代环境、抒发情感、渲染氛围，向读者描述这是一个什么样的世界，周边环境的整体样貌。

全景：把一个人或一个小场景全部放在画框内部，以便展示其全貌，常用于叙事或反映人物与其所在环境的某种关系。

中景：即呈现角色膝盖以上的画面。中景能凸显画面中的人物动作、神态、位置关系，堪称最适合叙事的镜头。

近景：指呈现角色胸部以上的画面。近景看不到人物的肢体动作，但能很好地展示人物的表情或心理变化，能给读者带来一定的冲击感。使用近景时通常要淡化人物背景，让读者的目光聚焦于人物的上半身。

特写：特写镜头是放大呈现某个细节，突出那个细节的特征，能给读者带来很大的冲击感。

（3）镜头角度。镜头角度可以分为四类。

平视镜头：读者视角与画中人物视角齐平，会让人感觉比较亲近，是最常用的镜头角度。

仰视镜头：从下往上看的镜头，能让人物形象显得高大、强悍、有压迫感、处于上风。

俯视镜头：从上往下看的镜头，会让人物形象显得渺小、卑微、惶恐不安、落于下风。

主观镜头：第一人称视角，读者能代入人物的主观视角，会有很强的身临其境之感。

每一种镜头角度都有其特定的情绪表达，需要结合不同的景别来刻画人物，丰富剧情。

（4）漫画脚本的创作要点。通常情况下，一话脚本至少要有 30 格（相当于 30 个镜头），脚本字数在 1000 ~ 2000 字。撰写漫画脚本一般通过在开头制造强烈的冲突来吸引读者。第一话脚本不仅要揭示时代背景和主角个人面临的困境，还要描述完整的事件，使读者代入整个故事的世界观，同时引出下一话内容。

打磨影视剧本

如果说小说是私密的思维漫游，那么剧本就是将抽象符号转化为精确的帧率节奏。那些深谙此道的创作者，早已将剧本打磨视为故事的第二重分娩：在保留原著灵魂骨骼的同时，重构肌肉纹理，让故事内核以全新的形态绽放。这里，我们就来了解一下创作影视剧本的基本常识。

1 故事大纲写什么

从创意变成剧本，首先要有故事大纲。影视剧本的故事大纲展示了故事的雏形。为了方便跟影视公司沟通，编剧一般会写三五百字的创意概述（也叫故事纲要），得到首肯之后再签合同并开始创作故事大纲。

完整的故事大纲一般包括以下五个部分。

（1）思想主旨。思想主旨是全剧的核心，即创作这部作品的意义，不用写太长，100 字以内即可，重点是体现出作品的价值观。要写清楚这部作品想表达什么思想，揭示什么现象，发扬什么精神，抨击什么弊病。

（2）故事内核。故事内核通常用一句话概括，要讲清楚人物、目标、行动，体现主人公的人物弧光。故事内核不容易概括，因为它要将几万字甚至几十万字的剧本压缩成短短几十字，这意味着编剧对故事的内容必须有极强的把握能力。

（3）故事类型。故事类型定位不清，是写影视剧本的大忌，决定写悲剧，就不能歪到喜剧的路子上。编剧首先要明确故事的主类型是玄幻、战争、历史、悬疑、言情、动作，还是别的类型，可在此基础上融入其他类型元素，但千万不能喧宾夺主、主次不分。只有明确了故事类型，才清楚哪些元素该写，哪些不该写，该详写还是该略写。这样写，剧情就不会跑偏。

（4）人物小传及人物关系。人物小传是剧本角色的故事线，包括了人物画像、核心动机、人物弧光，是塑造人物的依据。当编剧设计了主角和一众配角后，就要妥善地排列组合他们之间的人物关系。新手编剧常出现的问题是，单独做一个人物设定很精彩，把人物放在一起时却缺乏互动感，彼此的关系可有可无。这种情况一定要避免。

（5）故事情节。要讲清楚故事的开始、发展、转折、高潮、结局，将大节点分成几个小节点，把人物和事件充分结合起来。写的时候注意文字要简洁，不写废话。通常而言，电视剧剧本的故事大纲篇幅在 8000 ～ 15000 字，电影剧本的故事大纲篇幅在 2500 ～ 4000 字。

2　人物小传写什么

人物小传就是根据人物设定来书写该角色的故事线，为剧本创作打下良好的基础。完整的人物小传应该包括以下内容。

（1）人物基本画像。人物基本画像主要包括两方面：解读人物性格和分析人物家庭背景。

解读人物性格时要注意区分主性格和副性格。主性格才是人物的本质属性，副性格则是人物在不同环境下的特定表现，与主性格可能相冲突却又密切相连。人物的主性格在故事中应该是稳定一致的，就算一时副性格更突出，最终还是要回归主性格。

分析人物家庭背景的重点是分析它对人物性格的影响和对故事后续情节的影响。

（2）人物的内驱力与外驱力。内驱力是指人物的内在欲望，也就是该人物有什么想做的事，做这件事的核心动机是什么。人物的内驱力不仅决定了他的一言一行，也推动着故事的发展。

外驱力则是来自外界的驱动力，主要跟故事背景有关。简单说就是在故事背景设定的大环境中，主人公面临的无法抗拒的压力。这种压力会促使他去做某件事，走上某一条道路。外驱力对揭示人物成长、强化矛盾冲突起着很重要的作用。

（3）人物关系。编剧往往会借助人物关系图来表明角色之间的关系。人物关系可以分为三种类型：成长关系、平行关系、阻力关系。

成长关系是指两个人物之间有着正面的、积极的人际关系，彼此能互相信任，有较为一致的目标，愿意为对方付出。为了增加剧情的曲折性，表现人物的成长，成长关系在故事中往往会被打破或分裂，最后才在某个契机下复合。

平行关系的特点是，两个人物看似交集不多，却又相互影响，各自的故事线平行发展。这种人物关系看似松散，但一般在高潮或者结局部分，会随着故事支线与故事主线的交会而变得更加紧密而有意义。

阻力关系就是人物互相伤害，给对方设阻的关系。双方势不两立的冲突，是剧情的重要看点，推动着剧情的发展。

3　关于故事分集的常识

众所周知，电视剧一般要拍若干集，每一集都是套在大故事中的小故事。故事分集就是每一集要发生的事件组成的故事情节。剧本要根据故事大纲写故事分集，一般的写作要求如下。

（1）宏观要求。写故事分集要避免剧情太平淡，缺乏起伏，否则观众会看不下去。好故事应当有好的叙事节奏，能让观众时刻关心人物的喜怒哀乐与命运转折。要注意分集中代表整个故事的起、承、转、合的大节点，尤其要重视两种转折的节点。

一个是人物命运的转折。例如，主人公开场就遭遇了厄运，然后转危为安，人生发生了巨大的变化。转折点可以是惊天动地的重大事件，也可以是对主人公有特殊意义、影响很大的小事。

另一个是故事的转折。故事的转折往往产生于主人公不得不做的某个行动。主人公受到内驱力和外驱力的作用，非做某事不可，才是好的故事转折。

（2）微观要求。故事分集的每一集都应该有起、承、转、合。要想好每一集的故事从哪里开始，在哪里结束，而且结尾应该像钩子一样引出下一集的开篇。结尾通常是在人物命运和事件转折上做文章，给读者

留下悬念，让他们对后续剧情充满期待，这样就能充分调动观众追剧的兴趣与好奇心。

4 设计台词时要注意什么

台词就是剧中角色的对白，是剧本的基石。编剧是通过精妙的台词来揭示剧情、刻画人物、彰显主题的。没有经典台词的影视剧，不会成为爆款。影视剧本的台词要做到可视听化，也就是能让演员表演出来。为此，编剧在设计台词时需要注意以下几点。

（1）特点鲜明。不同类型的剧对台词的风格有不一样的要求。例如，年代剧的台词要考虑时代背景，以及当时人们的语言习惯，职业剧的台词要结合主人公职业的特点来写。

明确全剧的台词风格后，还要具体设计每一个人物的台词风格，什么样的人就说什么样的话。为了避免各个人物的台词风格雷同，可以尝试几个突出人物台词特色的方法。

一是运用方言和俗语。我们的国家地域辽阔，各地区的方言差别很大，说普通话时也会受到方言词汇的影响，不同的语言习惯能反映各个角色的个性差异。

二是根据人物的性格，在音色、语速、停顿习惯、口头禅等方面设计每个人物独特的台词风格。尤其是口头禅，字数少，易于记忆，便于传播，可以让每个人都有其专属的口头禅。这样，观众只要一听到这种说话风格，就能大致猜出人物的性格。

（2）感情真挚。台词的感情色彩也是编剧要特别注意的。不当的感情色彩会让台词与故事剧情脱节。因此，编剧在设计每一句台词的时候，要注意台词是否符合人物的身份、语气、当时的情绪等。要确保每句台词都发自人物的内心，而不能随便设置，生搬硬套。

（3）贴近生活。好台词要接地气，贴近人物所处的生活环境，符合当地人的语言习惯、思维方式、三观。假如剧情故事是以西南地区为背景的，就不该按照东北人的地域特点去塑造人物。与其接错地气，不如不接。台词贴近生活能让观众感到亲切，更容易沉浸在剧情中。

5　五幕剧的故事结构

常规的电影、电视剧一般采用五幕剧的故事结构，即分为开始、发展、危机、高潮、结局五部分。五幕剧的故事结构最为简单实用，也最容易掌握。

（1）开始。开场戏要包括年代、背景、氛围、人物、冲突、情境等剧情元素。好的剧本会巧妙地交代以上全部元素，这样观众就能对这个故事有一个基本的了解，进而产生看下去的欲望。新手编剧时最容易出现的问题是交代剧情元素的方式过于笨拙，演了好多场戏都没有交代清楚，观众看得稀里糊涂。

开场戏有热开场和冷开场两种风格，可以根据剧情需要和作品风格来选择。热开场的场面热闹，是动态的场景，节奏往往紧张刺激或者欢乐喜庆，能迅速吸引观众的注意力。冷开场用的是相对静态的场景，人物较少，节奏相对舒缓，注重营造某种气氛或制造悬念，引起观众的好奇心。

（2）发展。故事的发展阶段要依托故事大纲、人物小传的框架来展开剧情。需要注意的是，每个情节都应该是剧情发展必需的，对剧情有推动作用，或者让剧情往前走，或者让故事发生转折。无法推动剧情发展的戏，不符合全剧整体逻辑的情节，都应该舍弃。

（3）危机。剧情发展到一定阶段后，通常会进入危机阶段。危机阶段就是主人公面临大是大非的考验之时，或者处于生死危急关头的时候，这个阶段要设计能对其产生沉重打击的事件。这个阶段的情节是为后面的高潮部分做铺垫的。危机阶段的情节要写得震撼人心，才能调动观众的情绪，让他们为主人公感到痛心，担忧其后续命运。

（4）高潮。危机发展到了顶点，就进入了高潮阶段。高潮阶段的剧情不宜太长，重点是要让观众感到过瘾。此时，所有的矛盾冲突已经白热化，各方重要人物都会集中登场，展开最后的对决。主人公要排除万难、全力以赴地化解危机。高潮是整个故事最精彩、最激烈的部分，一定要精雕细琢。

（5）结局。高潮过后，故事就走向了结局。无论结局是皆大欢喜的，还是充满遗憾的，都应该重申并升华主题，交代主人公及其他重要角色的最终结局，让一切尘埃落定。当编剧写完结局部分，影视剧本就大功告成了。

第 8 章

IP 化写作
重塑文字价值

IP 意识：让写作变现可持续发展

IP（Intellectual Property，知识产权）作为网络流行语，可以解释为一切成名文创（文学、影视、动漫、游戏等）作品的统称。

如果你想让写作变现持续下去，就应该具备打造 IP 的意识。因为 IP 是一个独特的符号，可以代表你的个人品牌，体现你特有的价值观，蕴含着可观的流量与对应的商业价值。换言之，个人 IP 是你的个人商标，体现了你的核心竞争力，也是你展现出来的市场价值。

1 打造个人 IP 的好处

（1）提高个人品牌辨识度。在信息爆炸的今天，人们的注意力成了稀缺资源。谁能抓住目标受众的注意力，谁的内容就有更好的流量和变现能力，提高品牌辨识度于是成了抓住目标受众注意力的主要手段。个人 IP 有着独一无二的个人特征，具有很高的辨识度，能够不断地加深 IP 产品在受众脑海中的印象，使之形成牢固的品牌认知。因此，所有的文化创作领域，都会牢牢抓住大 IP 做深度开发，并且不断孵化新的 IP。

（2）提升个人竞争力。如果写作者拥有成熟的个人 IP，说明其能力已经得到了市场的检验，具有一定的影响力。这不仅能让写作者获得更多升职加薪或者接单的机会，还能增加商务合作谈判的筹码。拥有个人 IP 的写作者，不愁找不到合作方。

（3）增强目标受众的信任度。很多顶流作家在形成个人 IP 之前，也是名不见经传的小角色。目标受众既不了解他们，也没什么机会看到他们的作品，也就谈不上信任他们的能力。直到他们创作出了爆款作品，才形成了个人 IP，进而在市场中建立起了品牌信誉。目标受众也通过 IP 重新认识了这些作者的实力，对其产生了认同与信任。目标受众的信任，正是这些作者今后写作变现的前提。

（4）自带流量与变现能力。成熟的个人 IP 本身自带流量，而且有很强的变现能力。无论你以什么身份去经营流量，用什么方式去变现价值，个人 IP 都能帮助你多渠道、多维度地实现这个目标。这是打造个人 IP 最重要的价值所在。

（5）降低创业风险。很多人不想给别人打工，而想通过创业来实现财富自由。写作者可以利用个人 IP 的杠杆来撬动知识经济，放大流量变现的价值，用更少的资金成本创业。因为，被个人 IP 吸引过来的粉丝，可以转化为种子用户。凭借个人 IP 的影响力，创业者也更容易获得投资合作。

以上就是打造个人 IP 的好处。毫不夸张地说，写作者若是缺乏 IP 意识，对事业发展缺乏长期规划，不致力于打造属于自己的品牌，写作变现之路将很难走下去。因为，生存空间会被那些拥有个人 IP 品牌的竞争对手不断压缩掉。

2 常见的个人 IP 变现方式

凭借自己的一技之长打造个人 IP，再将其流量转化为实实在在的商业价值，是写作变现的最终目的。这里，我们简单介绍一下几种常见的个人 IP 变现模式。

（1）内容变现。内容变现包括小说、漫画、动画、视频、短片、影视剧、游戏、知识付费、网络课程、文创设计等个人 IP 衍生产品的变现。如果你是以文字为主要内容的创作者，可以先写网络小说或者知识付费类文章，再开发其他衍生产品。如果你是以短视频、知识付费、网络课程为主要内容的创作者，可以将这些内容改编成图书，从实体出版领域增加一份收益。

个人 IP 的流量越大，内容变现的机会越多，收益也越高。不过，内容变现的前提是内容足够好，符合市场潮流，制作水平过硬，具有改编潜力。

（2）带货变现。带货变现也是个人 IP 变现的最主要方式之一。点开抖音、快手、四瓜视频等短视频平台，可以看到各种各样的主播在直播带货。带货主播没有职业、学历、身份限制，他们当中有明星、网红、企业员工、农民、商贩等。还有一些短视频博主原先是做搞笑、科普、情感、历史、脑洞等内容的，当粉丝达到一定数量后也会加入直播带货的行列。

如果你关注的微信公众号够多，就会发现大流量的微信公众号作者也会写带货文案，或者直接依照广告商的要求写一些软文广告。可见，带货变现是众多创作者都认可的个人 IP 变现模式。

不过，带货变现不应彻底取代内容创作，否则会失去个人 IP 聚集的粉丝，变成读者或观众眼中可有可无的卖货商家。丧失内容特色是个人 IP 变现的大忌。此外，带货变现一定要看重选品和售后，否则，不但收益没有增加，反而砸了自己的招牌。

（3）社群变现。社群变现也是 IP 变现的重要方向。毕竟，只有先建立一个以个人 IP 为旗帜的社群，才能向目标受众精准推送产品，加深与他们之间的沟通和交流，建立品牌忠诚度，最终达到变现目的。社群变现的形式主要有三种：会员收费变现、课程变现和服务变现。

会员收费变现是以付费入群的形式，为群成员提供服务、分发福利、组织活动。采用这种变现模式的前提是，我们的社群具备让群成员愿意付费的价值。

课程变现也是社群变现的一种重要形式。我们可以通过付费平台上传提前制作好的视频课程，让受众一次性购买并学习。也可以采取统一收费的方式，给付费学员提供听直播课程的权限。还可以组织线下教学。

服务变现通常是通过为社群成员提供咨询类服务，比如心理咨询、技能培训等获得收益。

无论采用什么样的变现模式，当你拥有了个人 IP，就拥有了无限可能。

打造个人 IP 的长远规划

随着互联网的发展，打造个人 IP 的技术手段越来越丰富。理论上，普通人只要掌握正确的方法，就有可能成为新的 IP。那么，写作者该如何精准打造个人 IP 呢？

1 做好个人 IP 定位

大多数写作新手都是普通人，定位准确才能避免或少做无用功。有的人是先写出受欢迎的作品，然后逐渐形成个人 IP。有的人是先打造个人 IP，再借助品牌的力量进行写作变现。两种路径都有成功的例子，但为了找准努力的方向，我们需要做到以下几点。

（1）明确自身优势。可以从两个方向去找个人优势：一是跟工作相关的优势，二是跟兴趣爱好相关的优势。

跟工作相关的优势包括职业特点、技术能力、行业特殊性等。例如，"法医秦明"是悬疑领域的一个大 IP，作者秦明的本职工作就是法医。他利用自己的法医专业知识写悬疑推理小说，小说走红之后被改编成影视作品，形成了一个独特的 IP 品牌。

如果你在本职工作上没有特别突出的优势，也可以挖掘与兴趣爱好有关的优势。比如不少喜欢非遗的年轻创作者，会不辞劳苦地学习非遗文化产品的制作工艺，然后写科普文章、制作短视频，引爆大众对"新国潮"的喜爱，由此收获了可观的人气。

（2）把自身优势转化为个人特色。无论你的定位是什么，有哪些优势，都会有大量同类型的竞争者。定位同质化，甚至内容同质化，是每个追求写作变现的写作者都无法避免的问题。你的作品刚创作出来的时候，也许是市场中的一股新风，但很快就会遇到大量模仿者，搞不好就会陷入"原版不火盗版火"的尴尬境地。

因此，你必须想办法把自身优势转化为别人难以模仿的个人特色。

所谓个人特色鲜明的 IP，主要有两个特征：一是具有令人印象深刻的记忆点，二是"人设"鲜明。

记忆点可以是写作者独特的创作风格、经典的作品或鲜明的个人形象等。比如南派三叔作为悬疑小说界的佼佼者，因《盗墓笔记》系列作品而闻名，其作品在网络上拥有极高的阅读量，并被改编为电视剧、电影等，这又进一步巩固了其个人 IP 的地位。

至于"人设"，更是打造个人 IP 的必备手段。不要觉得经营"人设"虚伪。其实，每个人在生活中都会有意无意地展示自己想给别人看到的样子。IP"人设"要有个性，知性优雅是一种"人设"，幽默搞怪也是一种"人设"。写作者要结合自身的特点和目标受众的喜好，打造自己的"人设"。这个"人设"相当于个人 IP 的公众形象。

（3）包装自己。平平无奇的人经过包装之后，也会光彩照人。打造个人 IP 少不了要对自己进行包装。

首先，你的 IP 名称应当朗朗上口、个性鲜明、有寓意。它是你在互联网江湖的名号，代表着个人 IP 的品牌形象。

其次，你要设计一个色彩醒目、风格独特的头像。人是视觉动物，头像比名称更容易引起读者的注意。最好是使用一个与众不同的专属头像，这样就能让大众一眼认出你来。

最后，罗列所有能增加你个人光环的荣誉、经历，比如你的学历、证书，取得的成就，担任过的职位，特殊的经历。如果实在没什么亮点可言，那就踏踏实实写作，创作出高质量的作品，使之成为你未来的光环。

（4）避开打造个人 IP 的大坑。

一是统一各个平台的个人 IP 形象，突出主要"人设"与核心能力，不要给自己贴太多的身份标签。

二是专注深耕垂直领域，不要涉猎太多其他领域，以免流量权重下降，定位变得不清晰。

三是在没有建好私域流量池的服务机制之前，不要盲目引流，以免粉丝乘兴而来，败兴而归。关于构建私域流量池的方法，我们将在后文中介绍。

2 持续输出优质内容

写作变现真正的立足之本还是内容。如果不能输出优质内容，个人 IP 就只是个花架子；如果不能高效地输出优质内容，再好的 IP 也只是昙花一现。

创作优质的内容，必然要耗费写作者较长的时间和较多的心力，而且随着创作的深入，每个原创者都会遇到创意枯竭的瓶颈。这就要求我们坚持学习，不断积累，让自己有话可说，这样才能写出新的内容。

当然，写作者也不能只顾埋头做内容。做内容的直接目的是让用户花更多的时间关注我们，从而产生更多流量。为此，我们应当做好以下几点。

（1）内容精益求精，与时俱进。好饭不怕晚，优质内容不愁没人看。只要我们做的内容能真正帮助受众解决实际问题，或者能满足其精神层面的各种需求，就是好内容。不过，再好的饭，吃久了也会腻，再好的内容，看多了也会腻。哪怕是再好的 IP，也需要与时俱进，多出创意，才能让新老受众都喜欢。因此，写作者要坚持提升自我，对内容进行升级迭代，才不会沦为过气 IP。

（2）在粉丝面前保持存在感。网络上新作者、新作品层出不穷，写作者若是断更太久，就容易被粉丝遗忘。一方面，写作者要尽力在固定的时间，以稳定的频率进行内容更新，让粉丝养成固定的阅读习惯；另一方面，写作者要设法提升 IP 的"人设"魅力，多与粉丝进行亲切友好的互动，刷足存在感。

以上就是打造个人 IP 的几个要点，写作者需要结合自己的实际情况，做更加全面细致的个人 IP 规划，在实践中不断完善具体操作细节。

搭建你的私域流量池

维护个人 IP 需要长期稳定的流量池支撑，而搭建私域流量池就是不错的策略。私域流量是指企业或个人通过自有平台（如官网、APP、微信公众号、小程序等）或社交工具（如微信、企业微信、社群等）直接触达和运营的用户群体。私域流量具有低成本、凝聚力强、可以反复利用等优势。通过搭建私域流量池，个人 IP 可以更有效地与受众建立联系，提升品牌影响力和商业价值。

那么，该如何搭建私域流量池呢？

1 搭建私域流量池

写作者在平台注册的账号会受到平台规则的约束，平台有权依照规定进行封号或者销号操作。这些受制于人的账号不适合充当私域流量池。相比之下，微信和 QQ 的用户数量十分庞大，是用户与其他人日常沟通的重要媒介，具有很强的私人属性，也不会被轻易封号或注销，可以说是最适合做私域流量池的工具。

写作者可以将自己在其他平台账号的公域流量引导到微信、QQ 个人账号中，从而将公域流量转化为私域流量。

不过，微信通讯录能加的好友数量有上限，而且，也并非每一个通讯录上的好友都能为写作变现做贡献。更常见的情况是，你的朋友圈有很多人，但真正的活跃分子不多，能为写作变现做贡献的更少，大多数人更像是背景板。这无疑会降低写作者的变现能力。

为此，写作者有必要建立一个流量过滤系统，借此筛选出最适合社交的优质用户。我们可以设置两层"滤芯"来过滤不可转化或转化价值不大的流量。

第一层"滤芯"是注册了账号的外部平台。我们在平台上注册账号吸引公域流量，让在互联网上冲浪的用户跟我们产生了关联，关注我们的微信公众号。这样就初步完成了私域流量从公域流量的引流，过滤了一批僵尸粉和对我们兴趣不大的路人粉。

第二层"滤芯"是微信公众号。相对于其他平台的粉丝，微信公众号的粉丝水分较少。写作者可以通过微信公众号来推广变现产品，再过滤掉一批只想看内容而对变现产品没兴趣的粉丝，将愿意付费的用户引入你的个人账号。

接下来，写作者可以借助各种平台的变现工具，对那些曾经付费的用户进行引流。需要注意的是，很多平台不支持直接引流的行为。写作者必须采取不违反平台规则的办法来引流，比如私信通知等方式。

到了这一步，私域流量池就初具规模了。为了对私域流量池进行扩容，使之能容纳越来越多的付费用户，写作者可以多注册几个微信账号，但更好的办法是通过创建社群来对付费用户进一步分组。当你的社群发展到一定的规模，单靠你一个人是难以维护私域流量池的。这时候，你可以考虑组建自己的团队。

2 用个人IP为私域流量池引流

个人IP具有很好的传播力，能让用户产生信任，进而乐于交易。因此，打造个人IP也成了写作者为私域流量池引流的最佳手段，其关键在于建立个人IP在广大用户心中的公信力。怎样才能做到这一点呢？写作者可以从以下方面去努力。

（1）确保个人IP的专业度。新媒体时代，知识经济大行其道，各行各业都在不断进化。专业度越高的内容，越容易让人产生信任感。于是各个领域的专家都下场做自媒体，成为给大众提供某类专业知识和专业建议的内容生产者与服务者。

这些专业人士打造了个人IP，在本职工作之外开辟了新的变现渠道。利用专业优势和专家身份来为私域流量池引流，是个人IP变现的重要出路之一。当然，前提是你的专业性够强，业务水平能满足用户需求，能跟同行专家竞争。此外，你还需要一些运营技巧，让你的个人IP看起来更专业。

①干货至上。身为知识型个人IP，你的文章绝对不能空洞无物，必须有充足的干货。从构建大纲起，就要确保用户一眼便能感受到你看问题的视角是专业的，整体思路是清晰的，内容是有趣且有料的。

②多举实例。纯粹的说教能少则少，尽可能地多列举实例来证明观点。实例可以是热点新闻里的，也可以是身边发生的。总之，越贴近用

户生活的实例，越能令人信服。如有条件，可以用图、文、视频相结合的方式来展示实例，这样做比纯文字更吸引人，效果更好。

③保持客观理性的态度。大众会下意识地认为专业人士比普通人更加客观理性。然而，专业人士在阐述观点的时候，也会受自己的立场、学问、经验、身心状态等的影响而或多或少地带有一定的主观性。写作者应尽可能地以客观理性的态度来表达观点。若是言论偏激，表达情绪化，很容易被大众怀疑不够专业。

（2）与用户共情。理性和感性是两种不同的力量，两者如同飞鸟的双翼，缺一不可。理性能让你的个人 IP 更具专业性，但若缺少了感性，就容易变得不近人情，脱离群众，最终只能孤芳自赏。因此，打造个人 IP 也需要感性，也就是与用户共情。

共情是打造个人 IP，从公域引流私域成本最低的一种手段。我们在前面的多个章节中反复强调，写文章需要与大众共情。无论你写的是情感文，还是其他类型的文章，都应该做到这点。哪怕是最需要客观理性的知识科普文、干货讲解文，也要在字里行间体现出你对读者用户的情感关怀。

例如，你推荐的产品是以解决用户的痛点为出发点，你科普知识、传授技巧是为了帮读者更好地解决生活中的问题……这样，读者就能产生被理解、被支持、被帮助的感觉，从而对你的个人 IP 产生更多的好感，也更信赖你。如此一来，你的私域流量池就会变得更稳固。

50 个可以用来练笔的话题

1. 你最喜欢哪位历史人物？请详细说一下。

2. 你今天遇到了什么令你印象深刻的事？

3. 你跟某位仰慕已久的知名人士偶遇时，想跟他聊些什么？

4. 你的朋友从外地来找你玩，你打算带他去本地哪些地方玩？

5. 回想你第一次开餐馆时，有什么感受？

6. 你第一次独自在外地过年时，心里想的是什么？

7. 如果你要筹备自己的婚礼，打算怎么做？

8. 如果你想去某个向往已久的地方旅游，会做哪些旅游攻略？

9. 你去看一场话剧时，发现自己的座位被人占了，你会怎样交涉呢？

10. 你一觉醒来，发现自己回到了唐朝，手中拿着一本《唐朝穿越指南》，下一步会怎么做？

11. 假如你穿越成了历史上的悲剧人物，要如何扭转命运呢？

12. 假如你被人陷害，遭遇网络暴力，该怎样反击造谣的人呢？

13. 假如你的孙女从未来穿越到现在，她要怎样证明自己的身份，才能取得你的信任？

14. 你想对你未来的子孙说点儿什么？

15. 假如岳飞穿越到了三国时期，他能否跟诸葛亮合作完成北伐大计？

16. 从你的朋友中挑一个单身人士，为他写一份扬长避短的相亲文案。

17. 写一个短篇故事，开头要包含鬼神元素。

18. 假如你是一名刑警，在公交车上发现了一名逃犯，请描述惊险刺激的抓捕过程。

19. 当你在烈士陵园扫墓时，注意到一位身着老式军装的老人静静地站在一块墓碑前沉思，想象一下他可能在回忆什么。

20. 你最喜欢的人有什么你难以接受的缺点？

21. 你最讨厌的人有什么你不得不承认的优点？

22. 不考虑现实条件的制约，你希望自己在未来过上什么样的生活？

23. 假如你是一个家财万贯的孤寡老人，没有继承人，会如何处理庞大的家产？

24. 如果有一天，你突然从远房亲戚那里继承了一大笔遗产，你打算做什么？

25. 假如你的生命只剩下最后 60 天，你会怎样度过余生？

26. 描述你昨天做过的事，事无巨细，越详细越好。

27. 回忆你大学毕业那一天的经历，越详细越好。

28. 你有没有难以忘怀的人？请描述他给你留下的印象。

29. 你有没有抱憾终身的事？请写一篇回忆录。

30. 描述离你家最近的一个 4A 级旅游景点。

31. 如果你得到了阿拉丁神灯，有三次许愿机会，你会怎样充分利用？

32. 如果《一千零一夜》里的阿拉丁其实是阿拉伯人想象出来的一个中国男孩，你能否把这个故事本土化，编成一个中国少年的冒险故事？

33. 了解一下你家乡的民间传说，在此基础上写一个短篇玄幻故事。

34. 了解一下你家乡的风土人情，在此基础上写一个短篇励志故事。

35. 假如你最喜欢的喜剧明星去世了，请你为他写一篇风趣幽默的悼词。

36. 假如你跟阔别多年的故人在一次宴会上偶遇，你打算跟他说些什么？

37. 讲述你目前为止最疯狂的一次行动。

38. 讲述你目前为止最后悔的一次决定。

39. 讲述你目前为止最正确的一次选择。

40. 如果有一天你见到了孙悟空，你会对他说些什么？

41. 如果你的好兄弟离婚了，找你出来喝酒，你觉得他会对你说些什么？

42. 你离死亡最近的一次经历是什么？还记得当时脑子里在想什么吗？

43. 说说令你印象最深的一句电影台词，详细写出你对这句台词的解读。

44. 说说你最喜欢的一本书，并概括它的主要观点。

45. 你的名字有什么特殊寓意吗？

46. 如果你生了一对龙凤胎，你会给他们取什么名字呢？请详细解释一下。

47. 如果你有权力给新手父母制定考试科目，你打算考哪些内容呢？

48. 讲讲你目前为止最快乐的时刻。

49. 讲讲你目前为止最难过的时刻。

50. 讲讲你目前为止最难忘的时刻。